SYLVAIN ALQUIÉ

LES

# DÉPARTEMENTS DU MIDI

A

L'EXPOSITION INDUSTRIELLE DE TOULOUSE

EN 1865

Étude destinée à servir de cadre général et à fournir

les principaux documents pour

composer l'histoire critique de cette Exposition

TOULOUSE

IMPRIMERIE DE CAILLOL ET BAYLAC

Rue de la Pomme, 54.

1865

# LES

# DÉPARTEMENTS DU MIDI

A

## L'EXPOSITION INDUSTRIELLE DE TOULOUSE EN 1865

C.

# SYLVAIN ALQUIÉ

## LES

# DÉPARTEMENTS DU MIDI

A

## L'EXPOSITION INDUSTRIELLE DE TOULOUSE

### EN 1865

Étude destinée à servir de cadre général et à fournir

les principaux documents pour

composer l'histoire critique de cette Exposition.

### TOULOUSE

IMPRIMERIE DE CAILLOL ET BAYLAC

Rue de la Pomme, 34.

—

1865

# A MESSIEURS LES ORGANISATEURS

## DE L'EXPOSITION DE 1865

## HOMMAGE DE RECONNAISSANCE!

# INTRODUCTION

Les efforts éparpillés ne sauraient avoir d'autres résultats que des progrès locaux : une marche en masse peut seule produire le progrès général. Mais, de même que, par leur forme compacte et la disposition de leurs bassins, les grandes individualités géographiques ont constitué de grandes individualités nationales, de même la pente particulière de certains bassins et la nature géologique spéciale de telles parties du territoire ont fait que, dans toute nation, il s'est établi, entre les hommes de chaque région, une communauté plus étroite d'intérêts et d'idées. Ainsi, nos beaux départements du Midi sont séparés du reste de la France par des chaînes de montagnes et des plateaux trop faciles à franchir, pour ne pas être intéressés au maintien de la centralisation politique dont Paris est le pôle; mais on n'en est pas moins amené à reconnaître qu'à tout autre point de vue, par exemple sous le rapport des industries principales et des courants commerciaux, ils ont une sphère d'action qui leur est propre. Cela s'explique par l'existence des montagnes d'Auvergne qui sont, pour nous servir de l'idée de MM. Elie de Beaumont et Dufrénoy, un pôle de répulsion entre les plaines inférieures et la partie septentrionale de la contrée.

Ne serait-il donc pas juste qu'il fût tenu compte, plus qu'on ne l'a fait jusques à maintenant, de cette homogénéité régionale des départements du Midi, en vertu de laquelle, et sans que cela puisse en rien affaiblir le lien politique français, ils sont forcés à fusionner leurs industries, leurs arts et leur commerce avec ceux des nations latines de l'Espagne et de l'Italie, vers lesquelles leurs habitants sont attirés, autant au moins par la juxtaposition des pays que par la communauté de race? Que l'on y prenne garde : il s'agit de trente départements qui embrassent en étendue presque le tiers de notre territoire, et cette étendue est traversée par un des courants principaux de la vie nationale, par l'une des trois voies historiques qu'a si bien décrites un jeune écrivain de talent, M. Elisée Reclus, dans sa belle introduction au *Dictionnaire des Communes*. « Elle longe le cours de la Garonne jusqu'à Toulouse et se développe ensuite à la base des Cévennes jusqu'à Nîmes et aux bords du Rhône », reliant ainsi les extrémités méridionales des deux lignes « qui réunissent le bassin de Paris aux contrées du Midi et se dirigent, l'une au sud-ouest vers Bordeaux, l'autre au sud-est vers Lyon et Marseille. » On peut, en outre, remarquer à cette occasion que Toulouse, parmi les cités importantes du Midi, est celle qui est située le plus près du milieu de la base de ce triangle, dont les côtés sont les routes que suivirent les peuples dans leurs migrations successives et qu'ils suivent encore dans leurs mouvements commerciaux.

C'est donc une belle étude que celle du Midi de la France considéré au point de vue industriel et artistique. Les richesses métallurgiques que recèle le sol, les sources salutaires que la nature a prodiguées dans les Pyrénées, les magnifiques produits d'industries de toute sorte, nos moissons universellement enviées, nos monuments, les œuvres de nos artistes, tout enfin ne commande-t-il pas une analyse sérieuse et approfondie? Et pourtant, avouons-le, cette analyse n'a pas été faite, du moins dans une vue d'ensemble : en sorte que les ressources générales, appelées à faire converger les forces vives de notre Midi vers un but unique et original, ne sont connues que très superficiellement, même par ceux qui l'habitent.

Cette indifférence n'est pas de notre époque; non seulement chaque nation, mais encore chaque population régionale doit se hâter d'entrer dans le grand mouvement imprimé au monde par les chemins de fer et la télégraphie électrique. Il est donc indispensable de faciliter de nouveaux rapports entre les habitants d'une même zône, et de seconder l'impulsion donnée à la production et aux transactions.

Les Expositions de l'industrie, qui offrent des récompenses honorifiques et des mentions à ceux auxquels l'industrie doit quelque progrès, sont, tous les esprits sans prévention le reconnaissent, un puissant moyen de vulgarisation, et un auxiliaire non moins puissant de rapprochement entre les hommes que la disposition particulière des bassins qu'ils habitent pousse à se constituer en une individualité collective. Voilà ce qui a conduit les gouvernements modernes à favoriser et à multiplier ces pacifiques solennités. Aussi, outre les grandes Expositions universelles, y a-t-il toujours en permanence, surtout en France et en Angleterre, des expositions particulières pour les beaux-arts, l'industrie, les découvertes de tout genre.

Quelques considérations générales me semblent propres à établir clairement quelle est la situation et quelles sont les exigences du moment.

*
* *

Qu'est-ce que l'Industrie ?

A d'autres les tours de force du funambulisme scientifique sur la corde tendue des étymologies ! quelle que soit l'origine du mot, voici la définition de la chose : l'Industrie est l'ensemble de tous les procédés qui concourent à utiliser les produits naturels, à féconder le travail et à mettre en valeur les capitaux. — Le poète l'a dit :

L'homme se fait servir par l'aveugle matière.

Il existe donc, et il devait exister nécessairement des procédés : les uns ayant pour objet de tirer de la nature les matières premières, d'autres les transformant pour les rendre propres à nos usages, et d'autres enfin les mettant en œuvre. Opérations agricoles, ou manufacturières, ou commerciales, toutes rentrent dans ces trois catégories générales, et, dans leur ensemble, constituent l'art au moyen duquel l'homme donne satisfaction à ses différents besoins par l'exploitation des produits de la nature.

La science de l'Industrie pratique est née d'hier; on l'appelle la Technologie. Le premier ouvrage important qu'elle puisse citer est de la seconde moitié du XVIII<sup>e</sup> siècle; on s'était borné, jusqu'à cette époque toute récente, à de simples nomenclatures des termes techniques. Mais, en peu de temps, l'étude de l'Industrie, considérée dans ses procédés divers, a marché à pas de géant, grâce aux travaux de notre Académie des Sciences et aux consciencieuses recherches d'hommes éminents, tels que le docteur Ure, Charles Laboulaye, Baudrimont, Blanqui, Malepeyre, Vasserot, et bien d'autres encore.

La cause capitale de la ruine des civilisations antiques fut de se condamner elles-mêmes, en laissant l'Industrie aux esclaves, à devenir fatalement impuissantes dans un moment donné. Les régimes du Moyen-Age s'étaient voués pareillement à une mort certaine, eux qui lui imposaient les lourdes rançons d'impôts tous plus arbitraires les uns que les autres, et qui enchaînaient son essor dans les dures entraves des maîtrises et des jurandes. L'iniquité de ce monopole étroit, à la fois contraire aux intérêts du producteur et du consommateur, ne fut que tardivement reconnue par un économiste d'un grand sens, par l'immortel Turgot, et encore commit-on la faute irréparable de faire rapporter, quelques mois plus tard, l'édit qu'il avait obtenu.

C'est à la loi de 1791 que revient tout l'honneur d'avoir
émancipé les professions commerciales et industrielles ;
l'entrée en est désormais entièrement libre, et si elles
sont assujetties à des règlements de police extérieure,
c'est que le développement de toute liberté doit s'arrêter
là où elle pourrait devenir impunément un danger pour
l'intérêt général. Du reste, ce régime de liberté et la
division du travail ont inspiré une foule de grandes découvertes d'une portée incalculable pour le bien-être de
l'homme ; ils ont amené la création d'un grand nombre
d'industries nouvelles, qui sont des sources de richesse
autrefois inconnues ; ils ont enfin poussé celles qui existaient dans la voie de perfectionnements de toute nature.

Cette marche en masse des arts utiles vers le progrès
est puissamment secondée en France par l'action féconde
d'institutions spéciales, dont l'influence tend à s'accroître de jour en jour. Qui n'a entendu vanter les cours pro-
fessés à Paris, au Conservatoire des Arts-et-Métiers,
dans les bâtiments de l'abbaye Saint-Martin, et destinés
à répandre, particulièrement parmi les ouvriers, les
connaissances utiles à l'Industrie ? Qui, s'il a fait le voyage
de la Capitale, n'est allé admirer, à ce même Conservatoire, les belles collections de modèles réduits d'instruments et de machines, qu'on y a réunis depuis Vaucan-
son ? Ai-je besoin de signaler les bienfaits dûs à la Société
d'Encouragement de Paris, fondée en 1804 ? L'utilité
des Écoles d'Arts-et-Métiers, les services qu'elles ont
rendus depuis 1803, époque de leur fondation par Chap-
tal, ne sont-ils pas des choses incontestables et incon-

testées? Les travaux remarquables des ingénieurs civils, des chefs d'exploitation et d'industrie, élèves de l'Ecole des Arts et Manufactures de Paris, ne plaident-ils pas, mieux que ne sauraient le faire mes paroles, en faveur de cette institution, dont la révolution de juillet consacra le berceau? Et, à cette même année 1830, nous sommes redevables encore de l'Académie de l'Industrie française, dont le nom seul révèle suffisamment le but et l'importance.

La législation sur les brevets, ou déclarations qui établissent les droits des inventeurs, des importateurs et de ceux qui perfectionnent des industries déjà connues, fut aussi un puissant motif d'émulation.

Enfin, les arts mécaniques ont dû une grande part de leurs développements aux expositions publiques des produits de l'Industrie. C'est François de Neufchâteau qui eût, en 1797, l'idée de faire pour l'Industrie ce qui se pratiquait déjà, depuis Mansard (1699), pour les œuvres des peintres et des sculpteurs. On sait combien ces solennités sont maintenant répandues, combien elles sont en honneur dans notre XIXᵉ siècle, époque d'initiative s'il en fût. Et, ce que nous pouvons enregistrer avec un légitime orgueil, c'est que, à la grande Exposition universelle de Londres, en 1851, de l'aveu unanime, « la France a tenu le premier rang pour la qualité et l'élégance de ses produits. »

L'Angleterre, grâce à la masse de ses capitaux, est donc supérieure à la France par la quantité des produits; mais celle-ci n'a point de rivale au monde pour tout ce qui tient à l'art et au goût. Et voici que naguère M. de

Lagrange, par la victoire de *Gladiateur* à Epsom, et M. Schneider, en fabriquant des machines à vapeur à un prix moindre que nos voisins d'Outre-Manche, ont chacun fait éprouver à l'amour-propre anglais un échec d'autant plus sensible, que, jusques à maintenant, nous avions toujours été battus sur ces deux points.

A cette œuvre de grandeur nationale, qui a déjà pris des proportions si grandioses, chaque région de la France doit apporter sa part d'efforts et de matériaux. Hommes du Midi ou du Nord, qu'importe? Nul de nous n'a le droit de lui rester étranger, puisque coopérer à son accomplissement, ce sera travailler au développement de la prospérité de la patrie commune.

L'Industrie, soit qu'elle exploite la nature, soit qu'elle la transforme dans le but de satisfaire les besoins de l'homme, est l'âme du bien-être des peuples; son état est le point de comparaison et la mesure commune des vitalités différentes de nation à nation. La description et la critique des procédés industriels, l'histoire de leurs perfectionnements et la recherche de ceux dont ils sont susceptibles, forment donc un ensemble de connaissances d'une importance incontestable.

Il est bon encore de ne pas oublier qu'il y a évidemment connexité entre l'Industrie et le Commerce, que ce sont deux choses faites l'une pour l'autre. Elles se touchent, en effet, de bien près à leur origine; car tout individu est, ou devrait du moins être à la fois producteur et consommateur. Un même homme ne saurait connaître, ou plutôt ne saurait au même instant mettre en pratique tous les procédés dont l'ensemble est indis-

pensable pour sa conservation et son bien-être ; c'est à
cause de cette impuissance qu'il se livre plus spécialement à la production d'une ou d'autre chose nécessaire.
Seulement, il en produit au-delà de ce qu'il lui en faut
pour son besoin personnel ; puis, sa part faite, il échange
le surplus, chez ceux qui exercent des industries différentes de la sienne, contre ce qui lui est utile parmi les
objets qu'il n'a pas. De là, le premier lien commercial
entre les hommes. Et cette parenté qui unit l'industrie
et le négoce subsiste jusques dans les plus grands développements de chacun, parce qu'ils sont réciproque-
ment, l'un pour l'autre, une condition de vie ou de
mort.

Par conséquent, si nous voulons étudier le Midi de
la France au point de vue industriel et le bien connaître,
nous serons par cela même amenés à nous demander
quelle est la puissance commerciale qu'il a, et quelle est
celle qu'il serait susceptible d'acquérir.

Il nous semble également qu'on avait, jusques à ces
dernières années, laissé beaucoup trop subsister dans
les faits la séparation de l'industrie humaine en trois
grandes branches : l'industrie agricole, l'industrie manufacturière et l'industrie commerciale. Sans doute, ce
sont là comme trois grands courants ayant chacun leur
bassin propre ; mais ne perdons pas de vue qu'ils par-
tent de la même source et se rejoignent dans une même
embouchure. Ils suivent donc une même pente générale ;
et, tout en tenant compte de leur individualité particulière, on doit prendre en bonne considération les tendances qui leur sont communes. L'industrie agricole,

l'industrie manufacturière et l'industrie commerciale
sont trois sœurs qui doivent vivre en bonne intelligence,
et qui ont droit à une part égale de considération publique et de soins.

Dans nos départements méridionaux, les esprits gar-
dent encore quelques traces de vieilles oppositions de
clocher à clocher et de profession à profession ; ne de-
vons-nous pas travailler à les effacer complètement ? La
ferme, l'usine et le magasin ne doivent plus se défier
l'un de l'autre ; l'agriculteur, le manufacturier et le
commerçant doivent marcher, en se tenant la main, à
la conquête des progrès que promettent au monde la
science moderne, la vapeur et l'électricité !

*<br>* *

Un arrêté du ministre d'Etat, vice-président de la
commission pour l'Exposition universelle, institue une
commission scientifique internationale ayant pour
objet :

1° D'indiquer les moyens à l'aide desquels on peut
représenter à l'Exposition de 1867 les progrès récents
accomplis dans les sciences, les arts libéraux et les arts
usuels ;

2° De concourir à propager l'usage des découvertes
utiles et de provoquer les réformes d'intérêt interna-
tional ;

3° De signaler, dans des publications spéciales, les
résultats d'utilité générale à tirer de l'Exposition, et d'entreprendre, s'il y a lieu, les recherches destinées à les
compléter.

C'est là un précédent dont l'avenir a le droit d'espérer les plus heureux résultats, et qui ne saurait tarder à être imité dans les Expositions de province, qui, elles aussi, offrent de grandes questions à examiner.

Mais, pendant qu'il n'en est pas encore ainsi, les personnes qui s'intéressent au progrès des sciences et des arts ne feront-elles pas acte de dévouement en étudiant les exhibitions provinciales? L'affirmative m'a paru à l'abri de toute objection, et voilà ce qui m'a conduit à la publication de cette brochure : *Les départements du Midi à l'Exposition industrielle de Toulouse en* 1865 ; j'ai voulu, dans la mesure de mes forces, travailler à l'œuvre d'homogénéité régionale qui est un besoin du moment pour nos départements méridionaux. Dans cette pensée, je me suis conformé à une division telle que les trente départements, qui composent les quatre régions agricoles du sud-ouest, du sud, du sud-est et de la Corse, sont représentés par des articles spéciaux à chacun d'eux. D'ailleurs, les indications données le sont avec le plus grand soin, afin d'arriver, si faire se peut, à une exactitude minutieuse. Le texte, en outre, est conçu sur un mode nouveau et de manière à classer facilement dans l'esprit du lecteur tout ce qu'il lui importe de connaître. De tels avantages dans l'exécution me semblent devoir être appéciés des lecteurs.

Le but de cet écrit est donc de réunir, dans une œuvre d'ensemble, le plus grand nombre possible de renseignements utiles, sur les produits industriels exposés aux Jacobins, soit au point de vue théorique, soit au point de vue des manufactures et des ateliers où ils sont exercés. Ces renseignements, j'en ai l'espoir, contiendront, pour chaque spécialité, réellement tout ce qui la recommande à l'attention publique.

Notre siècle aime avant tout la nouveauté ; aussi les sciences et les industries les plus nouvelles, comme la photographie, les applications de la vapeur et de l'électricité, ont-elles été le point de mire de presque tous les efforts, et de là leurs progrès rapides. Cet engouement, s'il a eu ses résultats heureux, ne laisse pas que de présenter ses inconvénients. Mon travail tiendra compte des tendances de l'époque ; mais il donnera également l'attention qu'elles méritent à des industries qui, bien que leurs procédés imparfaits ne semblent pas avoir trouvé le temps de se modifier en traversant les âges, réclament impérieusement des études sérieuses, puisqu'elles s'appliquent aux produits humains par excellence et qu'elles ont pour objet de répondre aux besoins les plus essentiels de notre vie animale.

On le voit, cette publication est un travail entièrement nouveau. Si j'ai osé l'entreprendre, c'est que je me sentais préparé par de nombreuses recherches.

Malgré tous mes efforts, toutes mes vérifications, il m'a été impossible, je ne me le dissimule pas, d'atteindre à la perfection dans un travail de ce genre ; des omissions, des lacunes, des fautes typographiques pourront y être reprises. Mais j'appelle de tous mes vœux une critique bienveillante, qui ne saurait que me conduire plus sûrement au résultat que j'ambitionne.

S. A.

# DÉPARTEMENTS DU MIDI

A

## L'EXPOSITION INDUSTRIELLE DE TOULOUSE

### EN 1865

---

L'ensemble de toute la partie continentale du Midi de la France forme la contre-pente du territoire national. On pourrait, pour considérer à part cet ensemble, supposer qu'il est séparé du reste de la contrée par une ligne imaginaire, menée à travers les terres à peu près parallèlement à la direction générale des Pyrénées. Cette ligne, appuyant son extrémité occidentale à la plage de l'Atlantique, en face de Lesparre, irait à vol d'oiseau directement à Yssingeaux, dans la Haute-Loire, plus loin traverserait le Rhône, et aboutirait enfin aux Alpes en un endroit tel, que, prolongée au-delà, elle rencontrerait Asti, en Italie. On obtient de la sorte quelque chose approchant comme un vaste parallélogramme tronqué, dont l'angle du sud-est aurait été inégalement

2

rongé par la mer. Ainsi les formes de notre Midi ont de la régularité géométrique autant qu'il en faut, afin que leur équilibre soit parfait; si elles en avaient davantage, la monotonie contrarierait l'élégance. En effet, si les côtés d'une figure aussi grande étaient parfaitement droits, l'ensemble aurait trop de roideur; ce défaut ne peut être reproché à la contre-pente méridionale de la France; les lignes qui la limitent décrivent autour d'elle une série d'ondulations gracieusement proportionnées l'une à l'autre.

C'est que ce coin privilégié de terre est, par sa situation relativement au monde entier, un point commercial des plus importants; il est l'entrepôt du négoce français avec l'Italie et le Levant, avec le nord de l'Afrique et les Indes-Orientales, avec l'Espagne et les côtes occidentales de l'Afrique, avec une grande partie de l'Océanie et de l'Amérique. Il n'est donc pas indifférent que ce petit pays soit un beau séjour.

Voici, en allant de l'ouest à l'est, les noms des trente départements que nous comprenons dans la zône Pyrénéo-Méditerranéenne. Il s'en trouve neuf au sud-ouest : la Gironde, la Dordogne, le Lot-et-Garonne, les Landes, le Gers, les Basses-Pyrénées, les Hautes-Pyrénées, la Haute-Garonne et l'Ariége. On en compte dix qui sont situés au sud par rapport à la France entière : la Corrèze, le Cantal, le Lot, l'Aveyron, la Lozère, le Tarn-et-Garonne, le Tarn, l'Hérault, l'Aude et les Pyrénées-Orientales. Une autre série de dix est administrativement connue sous la dénomination de région agricole du sud-est : la Haute-Loire, l'Ardèche, la

Drôme, le Gard, la Vaucluse, les Basses-Alpes, les Hautes-Alpes, les Bouches-du-Rhône, le Var et les Alpes-Maritimes. Enfin, il nous reste à nommer la Corse. L'étendue totale de ces trente départements est de 18,172,689 hectares; la population peut être évaluée à 10 millions d'habitants; le nombre des bâtiments consacrés à l'industrie proprement dite, en ne tenant pas compte des moulins à eau et à vent, est de 14,224.

Une fois pour toutes, je demande pardon au lecteur si j'ai, dans certaines circonstances, recours au langage brutal des chiffres. Lorsque je les invoque, c'est qu'ils doivent mettre en relief quelque importante vérité. Ici, par exemple, il est aisé de se convaincre de quelle manière incomplète l'industrie des départements méridionaux s'est fait représenter à l'Exposition de Toulouse. On vient de voir que, pour la région, le nombre des établissements industriels est de 14,224; hé bien! notre exhibition des produits de l'industrie ne compte que 1,200 exposants environ. Diminuez ce nombre des noms étrangers à la zône, et la disproportion sera plus grande encore.

Cette abstention de la part des producteurs ne saurait trop être blâmée. Elle peut donner lieu à de fausses appréciations sur notre vitalité nationale. Du reste, elle est aussi peu justifiable que l'abstention en matière électorale. On croit avoir dit beaucoup, lorsqu'on a motivé son indifférence sur ce que le Jury peut se laisser influencer, sur ce qu'il peut être, tranchons le mot, partial dans ses décisions. D'abord, je suis intimement convaincu que les Jurys se trompent fort rarement et que ces erreurs sont toujours involontaires. Et puis, au cas où il se commettrait en effet des impartialités, le système d'abstention , loin d'être un obstacle à ces abus, ne ferait que les faciliter. Oui, Messieurs, si les désordres que vous alléguez existaient, vous en seriez les complices par votre silence, de même qu'un peuple qui, au lieu de protester, courbe lâchement la tête sous le joug, est le complice de l'oppression qui pèse sur lui...

# RÉGION DU SUD-OUEST

## 1° GIRONDE.

La Garonne, depuis son confluent avec la Dordogne jusqu'à son embouchure dans l'Océan, n'est, à proprement parler, qu'un vaste estuaire marin. A cet estuaire on a donné le nom de Gironde, qui plus tard devint celui du département qui avoisine ses bords. Le climat de ce département est en général doux et humide ; les pluies y sont fréquentes en hiver. Le pays dans son ensemble est bas et plat, et au sud et à l'ouest commencent les Landes, plaines arides, séparées de l'Océan, dont elles faisaient partie autrefois, par une longue chaîne de dunes, qui forment une ceinture de sables marins autour de l'anfractuosité d'Arcachon. Comme voies de communication, le département de la Gironde compte : les cinq rivières navigables de la Garonne, de la Dordogne, de l'Isle, de la Dronne et de la Dropt ; le canal latéral à la Garonne ; trente-cinq grandes routes ; plus de mille chemins vicinaux ; enfin les chemins de fer de Bordeaux à la Teste, de Bordeaux à Cette et d'Orléans à Bordeaux. Ajoutez à cela les chemins de fer décrétés de Sainte-Foy à Bergerac et de la Rochelle à Coutras, et la ligne projetée de Bordeaux au Verdon. Le pays est essentiellement agricole; mais sa principale richesse consiste dans la culture de la vigne, qui s'étend sur 138,823 hectares. D'un autre côté, les bois ont une étendue de 106,709 hectares, et les Landes rendent impropre à la production 450,000 hectares. Il ne reste donc, pour les céréales, que 387,020 hectares; aussi sont-elles insuffisantes. Cet ensemble agricole est complété par la production du chanvre, l'abondance des châtaignes et des fruits, et une élève assez importante de gros bétail, de chevaux et de moutons. L'exploitation minérale comprend la tourbe, le sel marin, les pierres de taille, la pierre à chaux et l'argile. « L'industrie, dit un géographe, est bornée en général, ailleurs qu'à Bordeaux, à l'élaboration des produits du sol : elle fabrique des eaux-de-vie, des liqueurs fines, des planches, de la thérébentine, de la résine et du goudron, des tabacs, de la poudre, du sucre, des cordages; des peaux, des tuiles, du verre et de la poterie. Le commerce exporte dans le monde entier les vins dits de *Bordeaux*, puis les bois, les résines et les eaux-de-vie. » Il se tient, dans le département de la Gironde, 150 foires. On y compte 529 bâtiments consacrés à l'industrie proprement dite; celle-ci et le commerce occupent 200,751 individus, presqu'autant que les travaux agricoles, circonstance encore bien rare dans nos départements méridionaux. Et cependant l'industrie minéralogique est loin d'être en progrès, puisque de huit hauts fourneaux, cinq ont cessé naguères de fonctionner,

en sorte qu'il ne reste plus en activité que ceux de
Biganos, de Bagalan et de Bélict. De plus, sur huit marais salants, trois seulement sont exploités, et encore
n'occupent-ils que 55 ouvriers.

Mais, toutes les considérations faites, on était néanmoins en droit de s'attendre à voir le département de
la Gironde se faire largement représenter dans une
Exposition des produits de l'industre. On objectera, je
le sais, que Toulouse et Bordeaux ayant simultanément
leur exhibition, ces deux solennités devaient nécessairement se nuire l'une à l'autre; c'est ainsi que la Gironde et les départements qui l'avoisinent ont groupé
leurs produits à Bordeaux, tandis que la Haute-Garonne
et les département limitrophes les ont groupés à Toulouse. Que les choses se soient passées de cette façon,
je ne le conteste pas ; mais je prétends que c'est à tort ;
le même industriel pouvant exposer en même temps
dans tous les lieux où est ouvert un concours, cette
liberté ne lui offre-t-elle pas des garanties et des chan-
ces de succès plus grandes ? En outre, le rang qui, à
la même époque, serait donné au même industriel dans
des concours différents, fournirait à la science techno-
logique des points de comparaison qui pourraient lui
être d'un grand secours.

Quoiqu'il en soit, et en attendant qu'aient disparu
l'indifférence et les préventions qui font encore obstacle
au progrès par les Expositions, recherchons comment
le département de la Gironde est représenté à celle de
Toulouse, cette année.

Si je m'en rapporte au *Livret*, dont les indications sont

trop souvent assez vagues, je trouve quinze exposants de ce département.

Lobis et Bernard, *chaudronniers-mécaniciens.* — L'industrie de MM. Lobis et Bernard ne saurait être désignée par un seul mot. Mieux vaut, pour en donner une idée assez exacte, nommer quelques-uns des appareils qu'ils fabriquent.

Au premier rang se placent les appareils perfectionnés pour les boissons gazeuses, telles que les limonades, les eaux de Seltz, les vins champanisés, les eaux minérales artificielles, etc. MM. Lobis et Bernard ont un système continu et un système intermittent, qui leur sont particuliers. Le système à jet continu a trois précieuses qualités : il peut produire depuis 1,400 jusqu'à 12,000 bouteilles de boissons gazeuses par jour; on n'est exposé à aucun danger de rupture ; il y a une économie très grande sur les matières premières employées. Décrire ces appareils, afin de démontrer combien, dans le moindre de leurs détails, ils sont supérieurs à tous ceux qui sont fabriqués d'après des systèmes étrangers, cela nous entraînerait trop loin. Mais ils présentent certains perfectionnements qu'il suffit de signaler en quelques mots, afin d'en faire ressortir toute l'importance. Qu'ont fait, par exemple, MM. Lobis et Bernard pour obvier au danger de rupture ? D'un côté, ils ont adapté une sonnerie qui avertit quand le gaz manque ; d'un autre côté, ils ont établi une soupape indiquant une trop grande pression. Une telle innovation est déjà de la plus haute portée; les fabricants dont nous parlons ne s'en sont pas cependant tenus là. Il fallait éviter qu'aucun mauvais goût ne fut donné par les appareils aux liquides produits : pour que cet inconvénient ne pût se présenter, leur satura-teur, qui est d'une très forte épaisseur, est « étamé à l'intérieur d'une couche de métal dont ils sont les in-venteurs, et qui seul peut remplacer l'argent ; en outre, toutes les pièces de raccord sont ajustées à soupapes et ne permettent aucune garniture de cuir ou d'autre subs-tance. » Nous ne ferons pas non plus une description inutile, ici, du fonctionnement des appareils à boissons gazeuses de Lobis et Bernard. Contentons-nous d'ob-server que leur jeu est d'une simplicité remarquable et qu'avec un peu de réflexion, on parviendrait à les met-tre en mouvement, sans le secours des moindres indi-cations. Tant de qualités ne pouvaient rester méconnues; aussi MM. Lobis et Bernard ont-ils fait des livraisons nombreuses, et en France, et à l'étranger.

Les instruments pour les laboratoires de chimie, que MM. Lobis et Bernard fabriquent aussi, exigent une perfection en quelque sorte mathématique. Le fabricant ne saurait leur donner trop de soins minutieux. Pour-tant, malgré les difficultés à vaincre pour la production de cet article, voici que MM. Lobis et Bernard y ont acquis un renom justement mérité, et qui témoigne hautement de l'attention éclairée qu'ils apportent à tout ce qui dépend de leur industrie. On n'arrive à de tels résultats qu'au prix de patients efforts et d'une grande intelligence des procédés mis en œuvre.

MM. Lobis et Bernard ne sont pas moins dignes d'éloges pour les soins qu'ils apportent à la confection des appareils destinés à la distillation des liquides de fermentation. L'industrie des alcools est une source si grande de richesse pour tant de contrées ; elle est surtout si répandue dans notre Midi, que nous ne nous attacherons pas à prouver l'importance qu'il y a à posséder de bons distillateurs ; on ne perd pas son temps à démontrer ce qui ne fait pas ombre de doute pour aucune personne ayant le moindre sens pratique des affaires. Du reste, ce qui ferait tomber bien vite tout paradoxe à cet égard, ce sont les ventes nombreuses qui ont lieu pour ces appareils. Et, pour ces ventes, les industriels dont nous nous occupons ne pouvaient choisir un centre préférable à Bordeaux, qui est l'entrepôt général des produits vinicoles de tout le Midi. Car il est à remarquer, notons-le puisque l'occasion se présente, que la prospérité d'une industrie dépend, pour une bonne part, du lieu où elle établit son centre d'action.

Il y aurait injustice à passer sous silence l'alambic rectificateur à double effet que MM. Lobis et Bernard fabriquent pour les liquoristes. Les alambics ordinaires, à cause de la manière dont ils sont faits, entraînent très souvent une dissolution de céruse, provenant d'une soudure de plomb extérieure et intérieure au serpentin. Dans l'alambic rectificateur, le serpentin est fondu tout d'une pièce en étain fin ; aussi « les esprits sortant des alambics Lobis et Bernard sont-ils complètement purs et dépourvus de toutes leurs parties aqueuses. » La valeur d'un tel perfectionnement ne se discute pas ; elle ne fera l'ombre d'un doute pour personne, si l'on veut se donner la peine de songer un instant aux conséquences

fâcheuses que peut avoir pour la santé la dissolution de
céruse, inévitable dans les appareils fabriqués d'après
tout autre procédé que celui auquel nous venons de
consacrer ces quelques mots.

Nous pourrions aussi nous arrêter devant un ingénieux
appareil, le monte-bière, destiné aux cafetiers-limona-
diers, pour leur faciliter le service de la clientèle. Tout
le système aboutit, en effet, à un petit meuble en marbre,
qui peut être facilement fixé à portée du comptoir. Cette
installation fonctionne déjà dans un grand nombre d'établissements, et le nom de l'appareil en révèle si bien les
usages, qu'il est aisé à chacun de s'en faire, de prime-
abord, une idée à peu de chose près exacte.

Contentons-nous de citer les chaudières à vapeur, les
tuyautages et les robinetteries pour la fabrication de la
stéarine par la saponification ou par la distillation; les
chaudières à évaporation, système à bascule, chauf-
fées par la vapeur ou à feu direct; enfin les pompes
à incendie pour les gares et pour les villes de premier et de second ordre. Nous ne saurions tout em-
brasser dans un article de courte haleine, alors qu'il
s'agit d'une industrie aussi étendue que celle de MM. Lobis et Bernard. C'est pour la même raison que nous
n'insisterons pas sur l'installation, complète et prête à
fonctionner, des brasseries de bière que ces industriels
traitent à forfait et qu'ils s'engagent formellement à faire
dans toutes les règles de l'art. Qu'il nous suffise de
répéter que MM. Lobis et Bernard se distinguent entre
tous par la perfection de leurs produits.

Et maintenant que nous avons donné une idée de

l'industrie de MM. Lobis et Bernard par l'énumération de quelques-uns des principaux appareils qui se construisent dans leurs ateliers, disons qu'on les appelle des chaudronniers-mécaniciens. Cette dernière partie de la qualification qui est donnée à leur profession, nous dispense d'ajouter qu'ils peuvent fournir pareillement des machines à vapeur à leurs nombreux clients.

Les ateliers de MM. Lobis et Bernard consistent en de vastes locaux, situés à Bordeaux, rue Saint-Catherine, nᵒˢ 203 et 205, et rue Labirat, nᵒ 2. Ces industriels sont constructeurs au premier chef de tous les objets qu'ils livrent au commerce, et ils ont, pour les exposer en vente, des magasins séparés, rue Labirat, nᵒ 14. C'est dans les locaux de la rue Sainte-Catherine que ces industriels ont un atelier spécial de tournage des métaux, d'ajustage du bronze, du cuivre, des pièces de précision et des pièces mécaniques. Pour le principal de leur industrie ils occupent de 25 à 30 ouvriers, soit forgerons, soit ajusteurs-mécaniciens, soit chaudronniers pour le cuivre, soit enfin chaudronniers pour le fer destiné aux chaudières à vapeur. En dehors de leurs ateliers, ils ont recours, dans la ville, aux bras d'un grand nombre d'ouvriers : menuisiers, modeleurs, fondeurs pour la fonte de fer ou pour celle de cuivre, marbriers et autres encore.

On le voit, il s'agit ici d'une industrie qui a reçu une large extension. Du reste, MM. Lobis et Bernard ne veulent surprendre la bonne foi de pas un de leurs clients : « tous les objets qui sortent de leurs ateliers sont vendus garantis contre tous vices de construction. »

C'est ce qui explique la haute confiance que ces industriels se sont acquise, dans le Midi surtout. Dans un rayon de soixante lieues aux environs de Bordeaux, ils ont complètement battu leurs concurrents de Paris. Chaque localité, sur ce parcours, possède trois ou quatre appareils à boissons gazeuses; et ils ont tous été construits par MM. Lobis et Bernard.

Du reste, au moment même où j'écrivais ces lignes, les visiteurs de l'Exposition de Bordeaux faisaient foule autour des appareils de ces industriels; tout le monde était unanime pour accorder les plus grands éloges à ces produits que l'on regardait à juste titre comme les plus beaux qui fussent exposés, pour ce genre d'industrie.

Les appareils de MM. Lobis et Bernard avaient, à l'Exposition de Bordeaux, un avantage qui leur a fait défaut à celle de Toulouse, et nous le regrettons vivement : ils fonctionnaient trois fois par semaine, et de plus, les visiteurs pouvaient, chaque jour, s'assurer de la bonté des liquides sortis de ces instruments, en goûtant de la limonade qui leur était distribuée gratuitement. Il ne pouvait pas y avoir ainsi erreur d'appréciation (1)...

FAGET, *mécanicien*. — M. Faget, mécanicien à Bordeaux, rue du Champ-de-Mars, 3, a exposé des tableaux en fer, repoussés au marteau. C'est un travail difficile que celui-ci, et, en général, aujourd'hui trop peu

---

(1) Voilà comment j'aurais voulu pouvoir étudier les produits et la position industrielle de chaque exposant, avec plus ou moins d'étendue, suivant les besoins. Mais j'ai pu le faire rarement. Peut-être serai-je plus heureux dans une nouvelle édition.

apprécié. Les difficultés qu'il présente, M. Faget a su les surmonter en ouvrier consommé, en homme de goût sûr de son exécution, parce qu'il a une longue pratique.

GERMAIN FURT, *appareils inodores*. — Deux objets ont été exposés par M. Germain Furt, de Bordeaux, rue Notre-Dame, 25, lequel est breveté pour sa cuvette inodore à pédale. Cette cuvette présente une amélioration digne de tous éloges; quant à son utilité, elle n'en est que plus incontestable, puisque ce meuble s'adresse à l'un des besoins les plus intimes de la vie domestique.

CASAUS (ERNEST). — J'ai trouvé, sous le n° 950, le plan d'un appareil de distillation pour les bains, par M. Ernest Casaus, de Bordeaux. L'idée de l'auteur de ce plan est assurément bonne au fond; je crois cependant qu'elle demande encore à être étudiée de nouveau, ce qui amènera certaines rectifications, qui rendront l'exécution plus pratique.

CREBESSAU. — M. Crebesseau, de Bordeaux, route d'Espagne, 131, a envoyé un baril et un sac de poudre antioïdique de MM. Baudrimont et Lensat. J'y mets peut-être un peu de prévention, étant du Bas-Langue-doc; mais il me semble que rien, pour la vigne, ne vaut l'emploie du soufre. Cela ne veut pas dire que la poudre antioïdique de MM. Baudrimont et Lensat n'ait pas de bonnes propriétés, et que l'emploi n'en soit point recommandable à divers titres.

CASTAING ET Cⁱᵉ. — Les savons, la stéarine et les bougies de MM. Castaing et Cⁱᵉ, de Bordeaux, témoignent de procédés de fabrication heureux et d'une surveillance active pour la réussite des détails. Ce lot est, dans sa spécialité, un des bons lots de l'Exposition.

LOUIT FRÈRES. — Voici un nom bien connu. Les chocolats, les pâtes alimentaires, les moutardes, les fruits au vinaigre, tous les produits de MM. Louit frères jouissent d'une vogue commerciale à laquelle bien peu d'articles ont pu atteindre; leur débit, toujours de plus en plus considérable, est justifié par leur bonne composition et leur supériorité. Il est vrai que les consommateurs ont le droit de se montrer aussi de plus en plus exigeants; mais MM. Louit ont prouvé qu'ils ne négligeront rien pour que leur maison reste toujours à la hauteur de la confiance qu'elle s'est acquise. Leur exhibition a Toulouse ne dément pas leur colossale réputation.

BENAC FILS. — M. Benac fils, de La Réole, a envoyé quatre bouteilles de liqueur; elles sont sous globe. La Gironde est un département renommé pour les liqueurs qui y sont fabriquées; raison de plus pour se défier des produits de cette nature avec lesquels on exploite ce renom. De ce côté, rien de plus utile au consommateur que de connaître les producteurs à qui il peut donner sa confiance. Or, je n'ai qu'un mot à dire de M. Benac fils : c'est qu'il est du nombre de ceux qui ne surprendront pas la bonne foi des clients.

GOUDABLE ET C^{ie}. — MM. Goudable et C^{ie} se sont présentés avec des vins de Bordeaux et des cognacs. Les vins sont choisis; les cognacs sont des plus fins. Cette maison est bien connue des grandes tables aristocratiques.

TIVET ET C^{ie}, *distillateurs*. — Rien peut-être ne prête

à la fraude autant que les boissons, et, parmi celles-ci, rien assurément autant que les liqueurs. A ce point de vue, un liquoriste consciencieux est digne de l'estime de tous. MM. Tivet et $C^{ie}$, distillateurs à La Réole, me paraissent recommandables à ce titre. Leurs produits, que j'ai pu apprécier en dehors de l'Exposition, ont toutes les qualités propres à satisfaire le palais du plus habile dégustateur, et ils éloignent soigneusement de la composition de ces produits toute matière première qui pourrait nuire indirectement à la santé du consommateur.

G. DARISTE. — M. Dariste, de Bordeaux, cours de Tournon, 9, possède une propriété à la Martinique. Je suis disposé à croire que ce titre de propriétaire à la Martinique n'est pas, de la part de l'exposant, comme cela est de la part de beaucoup de négociants pour les rhums et les taffias, une vaine réclame; j'y suis d'autant plus disposé, que les rhums et les taffias de M. Dariste m'ont été vantés grandement par des connaisseurs émérites.

MOREAU ET FILS. — C'est une fort ingénieuse chose que le modèle de capsule pour boucher les bouteilles, exposé par MM. Moreau et fils; si petit que ce soit, cela n'en a pas moins son mérite, surtout au point de vue de l'utilité pratique, et c'est là l'important dans les objets d'industrie.

CHEVÉNEMENT. — M. Chevénement, de la rue Moncoudinat, 18, à Bordeaux, est connu surtout pour ses encres. Toutefois, les cirages de cet exposant sont également l'objet, pour lui, d'un grand soin dans le procédés de fabrication. En un mot, cette maison justifie, par l'exellente composition de ses produits, la faveur générale qui lui a été accordée.

BRUN. — MM. Brun père et fils, de Bordeaux, ont envoyé du nitrate de potasse et de soude. J'ose les dire sans rivaux à l'Exposition.

TREIL. — Les cannes et les parapluies de M. J.-B. Treil, rue des Balutiers, 6, à Bordeaux, me semblent avoir toutes les qualités qu'on peut exiger de ces sortes d'objets.

## 2° DORDOGNE.

Le département de la Dordogne, qui est *méditerrané*, pour me servir d'une expression nouvellement adoptée, est, grâce aux derniers contreforts des monts d'Auvergne qui le couvrent, un pays formé de plateaux que sillonnent des vallons étroits et nombreux. Aussi le climat est-il en général tempéré. Les voies de transport sont : les rivières navigables de la Dordogne, de l'Isle, de la Vézère et de la Dropt; 26 grandes routes; 6,397 chemins vicinaux. Les chemins de fer y ont 178 kilomètres livrés à la circulation, et quatre autres lignes sont en construction. Le pays est à la fois agricole, d'exploitation, et manufacturier. Les céréales sont insuffisantes; néanmoins la récolte est très considérable en maïs, en pommes de terre, en chanvre, en noix et en châtaignes. Les truffes de la Dordogne sont estimées les meilleures de France. La vigne est la principale richesse du département; elle produit environ 800,000 hectolitres pour une étendue de 89,894 hectares. L'élève du bétail, surtout celle des moutons et des porcs, est très étendue. L'exploitation minérale, dont le principal produit est le fer, est des plus importantes; après le fer viennent les pierres meulières, la houille, le manganèse, la tourbe, les pierres lithographiques, les marbres, l'albâtre, les moëllons, la pierre à chaux, les ardoises, le gypse, la marne, l'argile à poterie, le granit, le sable. La source minérale de *Panassou* est fréquentée. « L'industrie fabrique des fers pour une valeur annuelle de quatre millions de francs, des papiers estimés, de la coutellerie commune, les lainages, les cuirs, les gants, l'huile de noix en très grande quantité, les eaux-de-vie et de bonnes liqueurs. Le commerce exporte principalement des vins et des eaux-de-vie, les fers, les bois, les bestiaux et les porcs gras, les jambons, les truffes et les volailles. » Il se tient dans la Dordogne 815 foires. L'industrie y compte 595 bâtiments qui lui sont consacrés; elle n'occupe, conjointement avec le commerce, même pas le quart de la population. Néanmoins « ce département, dit un géographe, est l'un des plus importants pour la fonte au charbon de bois. Les fontes de la Dordogne sont recherchées dans le Nord, à la Basse-Indre et dans tous les ateliers de construction de machines et de matériel de chemins de fer. Ce département possède, en outre, deux mines de combustible exploitées; plus 35 minières de fer exploitées, occupant 640 ouvriers. Le minerai est consommé dans les hauts-fourneaux de la Dordogne, de la Haute-Vienne, de la Corrèze, de la Nièvre et des Landes. »

Et maintenant, ces richesses industrielles sont-elles représentées à l'Exposition de Toulouse? C'est ce que je vais examiner; ou plutôt, je puis tout de suite répondre négativement, puisque je ne trouve que trois exposants; et encore deux d'entre eux, M. E. Brugière et M. Ritouret, ont-ils exposé : le premier, pour des écritures et des autographies; le second, pour une clé à dents. L'instrument de chirurgie de M. Ritouret a son mérite, je ne le nie pas, comme je ne conteste pas non plus que les écritures et autographies du calligraphe de Coutounieix soient un tour de force de patience et d'adresse; mais j'aurais voulu que ces produits de la Dordogne fussent accompagnés d'autres ayant une plus haute portée industrielle.

Je dois, toutefois, faire exception en faveur de M. Bruzac, qui a exposé des vins du département. Nous ne saurions trop remercier l'industriel de Bergerac de cette initiative; elle ne saurait qu'être profitable à une production qui est l'une des principales sources de richesse de la Dordogne.

## 3° LOT-ET GARONNE.

Le département méditerrané du Lot-et-Garonne est un pays de plaines élevées et entrecoupées de collines. Les voies de communication sont : la Garonne, le Lot, la Baïse, le Gers et la Dropt; 35 grandes routes; 9,150 chemins vicinaux. Les chemins de fer n'ont encore que 83 kilomètres de réseau livrés à la circulation dans ce département; mais la ligne de Limoges à Agen est en construction, et de même celle d'Agen à Tarbes, par Auch et Rabastens. Ce pays, dont le ciel est un des plus beaux de France, est agricole et un peu manufacturier; la culture y est cependant peu avancée. Les céréales sont suffisantes. Les principales parmi les autres productions sont : le maïs, le millet, les vins, les légumes secs, le chanvre d'excellente qualité, le tabac, la garance, le brai, la résine, le goudron, la thérébentine, le liége, la noix de galles et les prunes dattes. Il s'y fait une élève importante de gros bétail, de porcs, de volailles et d'abeilles. L'exploitation minérale comprend le fer, de belles pierres de taille, le gypse et la marne. « L'industrie de fabrication est assez active ; elle compte parmi ses établissements les plus nombreux : les moulins à farine et les distilleries d'eau-de-vie (50 mille hectolitres par an); puis les usines à fer, plusieurs martinets à cuivre, la manufacture des tabacs de Tonneins, de belles manufactures de toiles à voiles, des corderies considérables, de nombreuses fabriques de bouchons de liége, qui alimentent presque toute la France. Les autres produits fabriqués sont les toiles de ménage, les sangles, les couvertures et les tissus de coton, les papiers, la bonneterie, les lainages, la poterie. La préparation des pruneaux d'Agen, des fruits secs et des volailles est encore une branche d'industrie importante. Le commerce exporte des vins, des eaux-de-vie, des farines, du tabac, des bouchons de liége, des toiles, des cordages et des fruits secs. » Le Lot-et-Garonne compte 680 foires. Dans ce département, 331 bâtiments sont spécialement consacrés à l'industrie, qui, avec les professions commerciales, occupe un quart de la population.

Je vais maintenant faire le relevé des exposants de ce département qui ont envoyé des échantillons de leurs produits à Toulouse. Ces exposants sont au nombre de huit seulement.

A. JAILLE. — Je n'entrerai pas dans une discussion scientifique sur l'engrais Jaille, aujourd'hui si connu dans le monde agricole. Il a ses partisans et ses adversaires, ceux-ci en bien plus petit nombre que les premiers. Son stage est donc achevé : il est désormais accepté comme l'une des heureuses découvertes de notre temps. Et voudrait-on lui contester quelques-unes des propriétés que ses défenseurs lui attribuent, qu'on n'en devrait pas moins reconnaître, dans la maison Jaille, l'une de celles qui se sont le mieux achalandées sur nos marchés.

A. ROYAL. — J'ai entendu faire quelques reproches aux cuirs de diverses qualités de M. A. Royal, d'Agen ; on les accusait d'être un peu cassants. Il y a quelque exagération dans ce jugement. Du reste, la fabrication des cuirs est hérissée de difficultés, et c'est déjà beaucoup que de dépasser le niveau ordinaire des autres fabricants ; or, M. Royal exerce son industrie avec intelligence et n'est en arrière d'aucun progrès qu'elle ait fait. Il saura, je n'en doute pas, faire disparaître bientôt les légères imperfections de détail, sur lesquelles s'appuient certaines critiques de parti-pris, afin de méconnaître ce que ses produits ont de bon.

SAUMADE ET FILS, *chaussures.* — Les chaussures de MM. Saumade, de Villeneuve-d'Agen, sont irréprochables sous le triple rapport de la beauté du cuir employé, de l'élégance et de la solidité. Je ne ferai qu'une observation, qui s'applique, d'ailleurs, à toutes les chaussures exposées : la recherche de l'élégance a peut-être été poussée trop loin. On ne doit pas ainsi perdre de vue que la chaussure est l'un des produits les plus usuels ; pourquoi donc ne pas nous la montrer dans son jour ordinaire ; comme, par exemple, les maisons de confections pour hommes nous ont laissé voir celles-ci, depuis celles des prix élevés jusques à celles des prix modiques ?

CALDAIROU FRÈRES. — Les meubles et les billards de MM. Caldairou frères, de Marmande, sont d'un beau travail. Il y a mieux à l'Exposition, j'en conviens : ainsi le Billard de M. Bacus est préférable ; mais c'est déjà beaucoup de bien faire et d'occuper l'un des premiers rangs pour une spécialité qui compte de nombreux concurrents.

POUYLEAU. — M. Pouyleau, d'Agen, a envoyé une pendule donnant l'heure du moment dans tous les pays du monde. Elle est, sans contredit, l'une des curiosités de l'exhibition actuelle.

BADIMON, *mécanicien*. — M. Badimon, mécanicien à Marmande, a concouru pour des fouloirs et un égrappoir. Ces appareils demandent encore quelques perfectionnements, et M. Badimon est trop intelligent pour ne pas les bientôt réaliser. Ils ne tarderont pas ensuite à devenir d'un usage général dans les pays vinicoles.

LACAN, *ferblantier*. — M. Lacan, de Port-Sainte-Marie, a exposé une étuve à prunes. Cet appareil est destiné aux usages d'une industrie qui est l'une des principales ressources du département du Lot-et-Garonne. Tant mieux ! car, en ce cas, il y a deux précieuses qualités à louer en M. Lacan : l'ouvrier habile et le bon citoyen. J'aime, pour ma part, les hommes qui, dans tous leurs travaux, s'inspirent de la pieuse pensée d'être utiles au pays qui les a vus naître, ou dont ils sont devenus les enfants d'adoption.

MARQUÉS. — On dira peut-être que c'est une bien humble industrie que la fabrication des balais ; à mon sens, elle vaut mieux que beaucoup d'autres qui, par leur apparat, n'ont que trop l'intention d'exciter les tentations mauvaises du luxe. Il s'en va temps qu'on ne dédaigne pas ainsi l'utile au profit trop absolu de l'agréable. M. Marqués ne nous a envoyé que des balais ; l'industriel de Colayrac est plus méritant, à mes yeux, que tant d'autres exposants, dont la vitrine étale aux yeux de somptueuses inutilités.

## 4° LANDES.

Le département maritime des Landes est occupé, dans les deux tiers de son étendue, par des plaines arides et sablonneuses qui lui donnent leur nom. Le pays est peu élevé, et ses côtes basses sont bordées par les dunes qui vont de l'embouchure de la Gironde à celle de l'Adour. Le climat, quoique très doux, est malsain à cause de nombreux étangs. Les voies de transport sont : l'Adour, la Midouze, le Gave de Pau et le Luy ; 19 grandes routes ; 4,515 chemins vicinaux. Les chemins de fer comprennent : une partie de la ligne de Bordeaux à Bayonne, de

celle de Morceux à Mont-de-Marsan et de Mont-de-
Marsan à Tarbes, de celle de Dax à Ramous, et enfin de
celle de Bayonne à Pau. Quoique ce pays soit agricole, la
culture y est très arriérée. Les céréales sont insuffisantes;
on fait venir le maïs, le millet, le lin; citons aussi l'exploitation des pins, les bois de marine, le liége, l'huile
de noix. Les vins sont de bonne qualité. L'élève des bestiaux est la principale richesse, à cause de la beauté des
pâturages. Les chevaux des Landes sont estimés, et les
moutons y sont améliorés dans de belles bergeries. On
élève aussi beaucoup d'abeilles et de vers à soie; les
sangsues sont encore une branche d'industrie, et la pêche
côtière est assez active. L'exploitation minérale embrasse
le fer, le bitume, la tourbe, le falun en abondance, les
pierres meulières, l'argile, de fort belles pierres de taille,
le gypse. Les sources minérales les plus fréquentées de
ce département sont celles de Dax et de Préhacq.
« L'industrie s'occupe surtout de l'exploitation des forêts,
de la préparation de la poix, de la résine, du brai, du
goudron, et du travail des fers, qui rapporte annuelle-
ment plus de deux millons; elle fabrique ensuite des
eaux-de-vie très estimées, des toiles à voiles et autres,
de l'huile de lin, de la faïence et de la poterie, du verre.
Le commerce exploite la poix, la résine, le brai, le goudron, le safran, les planches, les armagnacs, les fers et
le bitume. » Il se tient, dans le département des Landes,
140 foires. L'industrie a 473 bâtiments qui lui sont consacrés, et elle occupe, conjointement avec le commerce,
presque le tiers de la population.

Le département des Landes ne compte qu'un seul exposant à l'exhibition actuelle de Toulouse : c'est M. Clément Laburthe, pour une pompe à transvaser le liquide. Cet appareil est des plus ingénieux, et il est essentiellement pratique à cause de sa simplicité. Aussi sera-t-il bientôt d'un usage très répandu. N'est ce pas le plus bel éloge que l'on puisse en faire ?

Il est vraiment regrettable que ce département se soit ainsi abstenu. Nous aurions cependant été heureux de voir figurer aux Jacobins, au moins les charbons de pin, et surtout le liége obtenu dans les Landes de la Gascogne, qui est le meilleur connu : « Les fabricants de bouchons, en France et en Angleterre, le préfèrent de beaucoup, dit un auteur, aux produits des autres provenances, soit françaises, soit étrangères. Il a pour lui la finesse du grain, peu de déchet et une remarquable élasticité. »

## 5° GERS.

Le département méditerranné du Gers est, grâce aux derniers contreforts des Pyrénées, un pays formé de plateaux, peu élevés il est vrai, que sillonnent d'étroites vallées. Le climat est tempéré, mais très irrégulier. Les rivières navigables ou les canaux sont au nombre de dix. Les voies de communication par terre consistent en 29 grandes routes et 6,000 chemins vicinaux. Le chemin de fer d'Agen à Tarbes et de Tarbes à Rabastens est en construction. Ce fertile pays, cultivé par les bœufs, est exclusivement agricole, et la culture y est en progrès. Il produit des céréales en surabondance, des maïs, des pommes de terre, des légumes secs, de la betterave, du lin. Les vins sont de bonne qualité. L'élève du gros bétail est importante ; on estime les chevaux du Gers, ses moutons en partie de race améliorée, ses belles volailles, son miel excellent. Quoique l'exploitation minérale soit à peu près nulle, il faut signaler de beaux marbres, le gypse, la pierre à chaux, les pierres de construction, la marne, la terre à poterie et à foulon. « L'industrie, » dit l'auteur que nous avons plusieurs fois cité, « est à peu près bornée à l'élaboration des produits du sol. » Tout se réduit presque à la distillerie, à la crème de tartre, aux moulins à farine, à des tanneries, à des scieries de planches et à la préparation des conserves de volailles. L'industrie commence cependant à y fabriquer assez activement des toiles, des cotonnades, des cotons, des rubans de fil, du verre, de la faïence et de la poterie. Quand au commerce, en dehors des produits fabriqués dont il vient d'être parlé, il consiste principalement en vins, eaux-de-vie, farines, mulets, gros bétail, moutons, porcs, bois. On compte dans le Gers 420 foires. 253 bâtiments y sont spécialement consacrés à l'industrie, qui, en y joignant les commerçants, occupe un quart de la population. Le commerce des eaux-de-vie d'Armagnac, est le plus important et se fait principalement avec les États-Unis et la Californie.

Le Gers s'est fait représenter à l'Exposition de Toulouse par dix exposants.

Bruchot et Cie. — Les armagnacs de MM. Bruchot et Cie, de Gourdon, se recommandent par leur parfum et par leur finesse ; le produit le plus important du département ne pouvait être plus dignement représenté.

Vignola fils et Cⁱᵉ, *distillateurs*. — Les liqueurs de MM. Vignola fils et Cⁱᵉ, de Lombez, me semblent laisser quelque chose à désirer pour les qualités fines ; en revanche, les qualités de consommation ordinaire sont bien réussies. Or, il y a plus de mérite, selon moi, à travailler pour la généralité de ses semblables, qu'à ne produire que pour les rangs privilégiés.

Baurens fils. — Le lot de M. Baurens fils, d'Auch, est composé de cuirs et de peaux. J'aime la manière de faire de cet industriel ; il apporte un soin égal à tout ce qu'il produit. Il ne cherche pas à réaliser des tours de force, mais à donner des marchandises courantes. On brille moins en agissant de cette façon, on fait peut-être moins parler de soi et l'on arrive plus lentement ; mais on atteint plus sûrement son but, et l'on rend des services certains à son l'industrie, dont les produits deviennent plus accessibles au consommateur.

Scheweisteygre. — M. Scheweisteygre, d'Auch, place Villaret-Joyeux, 2, a exhibé des descentes de lit, de la tapisserie, de la broderie à la main. Ces articles ont de l'originalité et sont marqués au cachet du goût.

Maybon aîné. — Divers objets, qui sont de l'industrie du taillandier, et une barrière, composent le lot de M. Maybon aîné, de Saint-Georges. Le bis-aiguë est un instrument tranchant de la plus fine trempe et des mieux conditionnés. Un spécimen non moins remarquable, c'est la tarière à mèche ou vrille à tire-bouchon de cet exposant.

Couget, *relieur*. — M. Couget, relieur à Auch, a voulu reproduire les beautés du chœur de la cathédrale de cette ville. La gravure du chœur à l'eau-forte est un morceau bien exécuté.

P. Amédée Louit, *ébéniste.* — M. P. Amédée Louit, ébéniste à Jégans, a concouru avec des échantillons de placage en bois ; ils sont d'excellente qualité et doivent produire des ouvrages d'ébénisterie recherchés. Les placages en bois, en notre époque, sont aux meubles de luxe pur ce que le ruolz est à l'argent vrai : ils rendent accessible aux bourses ordinaires un mobilier à la forme et aux apparences du mobilier riche et coûteux. Populariser les satisfactions du bien-être, c'est être, au premier chef, utile à la société.

A. G***. — La couverture de coton au crochet, de M. A. G***, de Samatan, est un travail de patience et de goût qui fait le plus grand honneur à la main qui l'a produit. Mais, où est l'utilité pratique ? De tels travaux ne pourraient être commandés que par les bourses capables de grandes fantaisies.

Mathioly. — M. Mathioly, de Ségoufielle, a exposé un carton garde-robe. Je n'ai pas su découvrir à l'Exposition ce carton et, ne puis par conséquent en parler.

E. Lago. — Nous avons, de M. E. Lago, d'Auch, des reliefs de géométrie descriptive. C'est un travail de patience conduit avec intelligence et mené à bonne fin.

## 6° BASSES-PYRÉNÉES.

Le département des Basses-Pyrénées est à la fois frontière et maritime. Le pays est couvert de bruyères et de montagnes, surtout au sud, où s'élève le gigantesque

pic du Midi. Du reste, voisin à la fois des Pyrénées et de
l'Océan, il ne peut avoir qu'un climat variable; et
cependant, de février en avril, l'hiver y est changé en
printemps par la vent du sud. Les voies de communication sont : l'Adour, la Nive, la Bidouze, l'Arau, la
Bidassoa, 26 grandes routes, 39 chemins de grande
communication, deux routes thermales en construction.
Le chemin de fer Pyrénéen de Toulouse à Bayonne est
ouvert pour les sections de Bayonne à Pau, de Dax à Ramous, et de Bayonne à Irun. Le pays est agricole; mais
les céréales, quoique d'une belle venue, y sont insuffisantes. D'ailleurs, le sol ne rapporte qu'à force de travail; car il est en général sec et stérile. On récolte beaucoup de châtaignes, d'excellents fruits, du chanvre, du
lin. Tout le monde connaît aussi le vin de Jurançon. De
plus, on pratique en grand, dans ce département, l'élève
des chevaux, des mulets, des bêtes à laine, des porcs,
qui sont très estimés comme qualité. L'exploitation minérale donne principalement des minerais de cuivre, de
fer, de cobalt, de soufre. Il faut citer en outre de belles
carrières d'ardoise, de marbres renommés, de granit,
d'albâtres, de moëllons. Enfin, les étrangers sont attirés
en foule par les bains de mer de Biarritz, et par les
sources minérales de Cambo, des Eaux-Bonnes, des
Eaux-Chaudes, et d'autres localités encore. L'industrie
n'y a que peu d'essor, quoique ce département soit
plus industriel qu'agricole; mais elle ne saurait manquer
de recevoir de grands développements dans un avenir
prochain. Jusqu'ici, elle fabrique des toiles, du linge
de table, des couvertures, des cadis, de la bonneterie

commune, des chocolats recherchés, les eaux-de-vie d'Andaye ; la conctruction des navires est assez active, et il y a des teintureries, des tanneries, des mégisseries en bon rapport. La pêche du poisson de mer et de celui d'eau douce y est aussi une branche d'industrie importante. Ce département est l'entrepôt d'un grand commerce avec l'Espagne ; quant au commerce local, il consiste, en dehors des produits fabriqués, en vins, bois de marine, matières résineuses, laines fines, peaux, cuirs, chevaux, mulets, chocolats, jambons dits de *Bayonne*. 299 bâtiments sont spécialement consacrés à l'industrie, qui, conjointement avec le commerce, occupe 146,633 habitants, c'est-à-dire la moitié du nombre comme l'agriculture en occupe. Cette proportion est digne de remarque.

Occupons-nous des exposants de ce département.

Barbe, *ingénieur-mécanicien.* — Nous avons de M. Barbe, ingénieur-mécanicien à Bayonne, un compteur hydraulique. On sait qu'un compteur est, en général, un appareil qui sert à noter le nombre des révolutions d'un axe ou des oscillations d'un pendule, accomplies dans un temps donné. Il se compose ordinairement d'un système de rouages analogues à ceux des montres, faisant tourner des aiguilles sur des cadrans gradués. Le compteur hydraulique de M. Barbe est une variété fort ingénieuse de ces sortes d'instruments ; il a un très grand mérite, qui est celui de pouvoir recevoir une foule d'applications pratiques, grâce au combinaisons de forme et de jeu qui lui ont été données par son auteur.

Bailly. — M. Bailly, d'Oloron, a exposé des couvertures de laine. Ce lot a été, à mon sentiment, le plus beau de sa spécialité à l'Exposition. Si je ne me trompe, il a été acquis en bloc par la maison Marceille, rue des Changes, 5, à Toulouse.

BIRABENS. — La maison Birabens est une fabrique de chocolat, à Bayonne; elle est on ne peut plus avantageusement connue pour la bonne composition et la supériorité de ses produits. Le perfectionnement apporté à son système de fabrication a pour but de conserver au cacao, base du chocolat, son parfum naturel, si essentiel et si agréable. M. Birabens me semble avoir déjà réussi pour tous les points capitaux de sa fabrication : il fait bien, et fera mieux lorsqu'il le voudra.

CAZENAVE. — M. Cazenave, de Bayonne, a, comme M. Birabens, envoyé des chocolats divers. Je ne saurais auquel des deux concurrents donner la préférence, et je ne serais guère déterminé que par la question des prix.

GINDRE. — M. Gindre, d'Itassou, près de Bayonne, a concouru pour ses engrais. Des personnes désintéressées qui les ont analysés, s'accordent à en faire l'éloge; ceux qui les ont employés reconnaissent hautement leur efficacité.

## 7° HAUTES-PYRÉNÉES

Le département des Hautes-Pyrérénées est en même temps méditerrané et frontière. Situé sur la partie la plus haute des monts Pyrénées, ce pays est très montagneux, à l'exception de la belle plaine de Tarbes. Toutefois, entre ces montagnes d'une grande élévation, on trouve un grand nombre de pittoresques vallées, qui font l'admiration des voyageurs. Le climat est en général doux et beau. Comme voies de communication, les Hautes-Pyrénées comptent 14 grandes routes, trois routes thermales, et 2,687 chemins vicinaux. 62 kilomètres de chemins de fer sont livrés à la circulation; et, en outre, sont en construction les sections de Bagnères à Lourdes, d'Agen à Andrest, et de Toulouse à Tarbes par le plateau de Lannemezan. De plus, la section de Lourdes à Saint-Sauveur a été décrétée. Le pays est agricole et riche en prairies et en pâturages; le sarrazin, le maïs, les pommes de terre viennent bien; mais les céréales sont insuffisantes. Comme vins, ceux de Madiran et de Castelnau sont estimés. On élève bien, dans ce département, les chevaux, les mulets, les ânes, les troupeaux de bergeries; l'éducation des volailles et des abeilles y est pratiquée sur une vaste échelle. L'exploitation minérale donne du fer, du cuivre, du zinc, du plomb, du manganèse, du plomb argentifère, les beaux marbres de Sost, de Sarpe, de Bazas, de Bagnères, de Sarrancolin, des pierres de taille, des ardoises, du granit, de l'amiante. On sait en outre quel est le renom des sources minérales de Bagnères, de Baréges, de Cauterets, de Saint-Sauveur. Quoique le sous-sol de ce département soit d'une richesse inépuisable en gîsements de toute sorte, l'industrie y est peu développée; on ne peut guère citer d'elle que des draps communs, des toiles de lin, des crêpes, des châles, des baréges, du merrain, des produits de coutellerie et de distillerie, et encore ces fabrications y sont-elles peu importantes. Le commerce est alimenté par les fromages, des beurres excellents, le miel, les moutons, les porcs, les jambons, les volailles, les bois et les produits exploités et fabriqués. Le pays compte 80 foires. L'industrie a 294 bâtiments qui lui sont consacrés, et elle occupe, en y joignant les commerçants, à peine un quart de la population totale.

Quelques exposants nous sont venus de ce département, qui aurait dû, comme limitrophe, nous en fournir un nombre bien plus grand. Mais je ne veux pas trop lui faire un reproche de ce qui a été un tort général.

LACAZE FRÈRES ET SOEUR. — On sait que les cuirs-laine d'Ancizan, dans la vallée d'Aure, rivalisent pour la finesse et la solidité avec ceux de Castres et de Lavaur. Hé bien ! nous n'avons eu aucun lot de ces draps, et, si nous avons à parler d'Ancizan, c'est à propos seulement des tricots de laine de la maison Lacaze frères et sœur. Le mérite de ce lot modeste est incontestable, et, puisque nous n'avons que lui, il y a bonheur du moins qu'il puisse nous faire dignement apprécier cette industrie des tricots, qui est l'une des sources de richesse de ce département.

BROCAS. — M. Brocas, de Cauterets, a envoyé des Eaux minérales. La vente des eaux minérales qui peuvent être transportées, est devenue une branche commerciale importante ; en cette spécialité, Cauterets ne peut qu'être appelé à se maintenir à l'un des premiers rangs, et j'ajoute que M. Brocas fait les plus louables efforts, afin qu'il en soit toujours ainsi.

POURQUIÉ. — La fabrication des boîtes d'allumettes a pris, dans ces derniers temps, une extension considéra-

4

ble. L'élégance et la commodité sont les principales conditions de succès, pourvu qu'avec cela on produise à des prix très modiques. Or, tant de perfectionnements et d'innovations ont été déjà réalisés, qu'il paraissait impossible de rien trouver encore. M. Pourquié, cependant, a découvert quelque chose de plus ; il fabrique des boîtes qui s'ouvrent des quatres côtés. Je crois maintenant qu'il sera fort difficile d'aller plus loin.

Ch. de Maynard. — M. Charles de Maynard, propriétaire au château d'Orleix, dans la commune de Tarbes, se livre avec succès à l'élève du ver à soie. Son intelligence et ses soins ont déjà rendu et rendront encore de notables services au développement de l'industrie séricicole. Je n'en veux pour preuve que son remarquable lot de cocons et de soies, à notre Exposition.

Dausset et Buron. — Qu'il me soit permis d'emprunter à un critique savant, au docteur Gourdon, son appréciation sur le lot de ces exposants.

« Dans les machines agricoles, nous pouvons ranger une presse à fourrage, exposée par M. Buron, constructeur à Tarbes, et inventée par MM. Petit et Dausset. Formée d'une caisse mobile sur deux rails et pouvant ainsi s'isoler de la vis de pression, cette presse offre l'avantage de pouvoir être chargée et déchargée sans embarras ; les parois mobiles de la caisse, que retiennent des barres transversales s'accrochant respectivement, viennent faciliter encore la manœuvre de cet appareil, dans lequel doit s'opérer une pression énergique, et que l'on peut d'ailleurs employer à comprimer non-seulement le fourrage, mais les autres matières, telles que le coton, les chiffons, etc., que l'on est dans la nécessité, pour le transport, de réduire à leur moindre volume. »

GERTOUX. — M. Jules-Joseph Gertoux, de Bagnères-de-Bigorre, a concouru pour un balcon et des carreaux en pierre dure. Ce fabricant mérite des encouragements ; son industrie a un caractère éminemment utile et est appelée à rendre les plus grands services, les produits destinés aux constructions étant des produits humains par excellence. Joignez à cela que M. Gertoux est un ouvrier de goût.

## 8° HAUTE-GARONNE.

Le département à la fois méditerrané et frontière de la Haute-Garonne s'appuie au sud à la partie culminante des Pyrénées ; en général, pour tout le reste, il est entrecoupé de côteaux peu élevés. Les voies de communication sont : la Garonne, l'Ariége, le Salat, le Tarn ; les canaux du Midi, Latéral à la Garonne et de Saint-Pierre ; 39 grandes routes ; 13,922 chemins vicinaux. Les chemins de fer ont 214 kilomètres livrés à la circulation. De plus, les sections de Saint-Girons à la ligne de Toulouse à Bayonne et de Toulouse à la ligne du Lot à Montauban sont en projet, et la ligne de Toulouse à Auch est à l'étude. Le climat et doux est tempéré. Le pays est à la fois agricole, d'exploitation et manufacturier ; la culture y est en progrès. Il a des maïs, des lins, des légumes, des betteraves ; les céréales et les vins y sont en excédant. Parmi ces derniers, on cite nos rouges de Villaudric et de Fronton. De plus, on estime nos eaux-de-vie, notre bière et nos liqueurs. L'élève du bétail est la principale industrie de nos montagnes ; la Haute-Garonne est vantée encore pour ses mulets, ses vers à soie, ses volailles dites de l'*Isle-en-Dodon*, ses ortolans, ses truffes. Les montagnes offriraient des richesses importantes à l'exploitation minérale, si, jusqu'à ce jour, l'exportation ne s'en faisait très difficilement. Nous avons de beaux marbres, du fer, de la terre à porcelaine et à poterie, du sable aurifère. Salies a une source salée ; Bagnères-de-Luchon, Encausse, Sainte-Madelaine, ont leurs sources minérales. L'industrie, qui est variée et très active, s'applique au travail du fer et de l'acier, aux lamineries de cuivre, aux tanneries, aux filatures de lin et de coton, aux creusets, à la porcelaine et à la faïence, aux chapeaux de paille, aux conserves de volailles, aux pâtés de foies de canard. Il se fait un grand commerce de transit avec l'Espagne ; les exportations faites par le département lui-même sont les grains, les farines, les vins, les bois, les mulets, les denrées, les truffes et les produits fabriqués. Ce mouvement commercial est augmenté par 360 foires. L'industrie a 474 bâtiments qui lui sont spécialement consacrés et le nombre des industriels, joint à celui des commerçants, est de 138,745, c'est-à-dire la moitié environ de celui des agriculteurs.

Etudions, maintenant, les industriels de la Haute-Garonne à l'Exposition de cette année. Pour plus de clarté, je vais établir deux sections : l'une pour les exposants du département, l'autre consacrée aux seuls exposants de Toulouse. Je suivrai l'ordre du Livret.

## § I.

## Exposants du département.

BASTIÉ. — M. Paul Bastié, coutelier à Revel, est un homme d'initiative ; en outre des articles de coutellerie en tout genre, il fait aussi et fait bien les instruments de chirurgie, parmi lesquels le forceps est son triomphe. Je ne crois pas, en fait de coutellerie, avoir trouvé, à l'Exposition, aussi bien que les produits de M. Bastié.

M^lle Bosc ET C^ie. — Les cocons blancs de la maison Bosc, de Blagnac, sont bien venus et bien finis ; ils sont remarquables de finesse ; la soie qu'ils produisent ne peut donc être que belle et bonne.

CABIÉ. — Les vins de Villaudric sont recherchés comme vins d'ordinaire des tables riches. D'après les échantillons de M. Cabié, de Villaudric, je juge qu'il a une cave pourvue de qualités choisies et qu'il est bon de recommander aux consommateurs.

CAVAILHÉS. — M. Cavailhés a exposé une magnifique collection d'oiseaux indigènes et de proie empaillés, et, aussi empaillé, un jeune chat-phénomène, né avec huit pattes. Ce lot est l'une des curiosités de l'Exposition.

CAVAYÉ ET D'HOLIER. — Voici, à mon avis, un lot des plus méritants. MM. Cavayé et d'Holier sont d'éminents distillateurs agricoles qui, en raison du pays qu'ils habitent (Villefranche-Lauraguais), opèrent principalement sur les maïs. Tous les échantillons qu'ils ont envoyés se recommandent à l'attention. Ils ont voulu faire connaître l'alcool, l'huile, la farine, la semoule, la matière oléagineuse brute ou en farine, le concassage, le tourteau, le pain avec 40 pour 0/0 de leur farine, en un mot, tout ce qu'ils savent extraire du maïs grâce à leurs intelligentes manipulations. Tous ces échantillons sont irréprochables pour la supériorité en qualité et leur tenue.

COURRÉGÉ ET C<sup>ie</sup>. — Les tissus et les toiles à bluter de MM. Courrégé et C<sup>ie</sup>, de Blajan, sont bien fabriqués. Ces industriels me semblent pleins de bon vouloir et ils feront certainement prospérer leur utile entreprise.

COURTHIADE ET C<sup>ie</sup>. — Depuis quelques années, l'effilochage, au moyen duquel on retire des chiffons de drap les laines non encore usées pour les rendre à la fabrication de draps nouveaux, ce qui permet de produire à des prix moindres, — l'effilochage, dis-je, est devenu une industrie importante relativement, et qui a amené la création de plusieurs usines nouvelles. L'une de celles qui s'est acquis tout d'abord le plus de renom, est celle de MM. Courthiade et C<sup>ie</sup>, à Villemur ; depuis, elle a toujours conservé le premier rang. Les échantillons divers qu'elle a envoyés à notre Exposition sont, en leur spécialité, tous irréprochables.

FADEUILH. — M. Fadeuih, de Saint-Gaudens, a envoyé des tricots en laine. Ces tricots sont traités avec soin ; M. Fadeuilh est dans la bonne voie et mérite qu'on l'encourage à y marcher encore plus en avant.

FERRÈTE. — M. Ferrète, de Colomiès, a exposé une brouette et des roues de voiture en fer battu. Il y a là de l'idée et un travail exécuté par une main sûre de son fait.

FEUILLERAC. — Le mouchoir de poche brodé et la taie d'oreiller brodée, qui sont dûs à M. Feuillerac, de Montesquieu-Volvestre, font le plus grand honneur à cet exposant.

GABALDA. — La ruche à abeilles de M. Gabalda, de Monestrol, trahit un intelligent apiculteur, jaloux de la prospérité de son rucher.

GASQUET. — M. Gasquet, de Lez, a soumis à l'appréciation du jury une table mosaïque, des coupes, des carrelets en marbre, des paniers en noisetier. M. Gasquet est un homme actif, adroit, ayant de bonnes idées et les mettant à exécution vite et bien.

GERTOUX. — Les eaux minérales de Labassère, dans les Hautes-Pyrénées, ne se prennent qu'en boisson; mais elles ont d'excellentes propriétés curatives; aussi se fait-il de ces eaux une grande exportation. M. Gertoux, de Bagnères-de-Luchon, cherche par tous les moyens d'augmenter cette vogue commerciale; il donne donc à ces eaux autant de soins qu'on en donnerait à une cave choisie.

HUREL. — Nous avons eu de M. Hurel, teinturier à Villemur, des échantillons de teinture sur tissus. Ce sont des mérinos noirs teints en diverses couleurs d'après un procédé personnel à cet exposant. Tous ces échantillons me semblent réussis à souhait.

LAFFON, *distillateur*. — Les liqueurs de M. Laffon, de Villefranche, sont composées avec attention; toutefois , je reproche à cet exposant de n'être pas assez sorti des qualités communes.

LARROQUE. — La pommade contre la fluxion périodique des chevaux, due à M. Larroque, pharmacien à Baziège , est la réalisation d'une heureuse idée et peut être appelée à rendre aux agriculteurs des services signalés.

LOUPIAC PÈRE. — M. Loupiac père a exposé un plan typographique. C'est un travail de patience , minutieux, et c'est déjà beaucoup de l'avoir exécuté.

LAPORTE. — M. Laporte, de Boulogne , a mis à l'Exposition une presse à courber les tiges. L'idée est bonne , l'appareil est d'une grande commodité pratique. Quelques modifications, et le succès sera atteint.

LUSCAN. — Les soies gréges et à bluter de M. Luscan , de Blajan , ont déjà , en divers concours , été l'objet d'une foule de distinctions honorifiques. Ces distinctions , si j'en juge par le lot remarquable de l'Exposition , ont toujours été un acte de bonne justice.

MASSIP. — M. Massip, de Laffite , est parvenu à faire un soulier sans couture ; jusque-là , tout est pour le mieux. Mais où est l'utilité pratique de la chose ? Le besoin de cette innovation se faisait-il , comme disent les préfaces de livres , réellement sentir ? Je me permets d'en douter quelque peu.

MILHAS. — M. Isidore Milhas, de Cazères, est un tanneur actif, à la recherche des meilleurs procédés industriels, en ce qui concerne son état. Voyez plutôt les cuirs en veau tannés qu'il a mis à notre Exposition; ce ne sont pas des chefs-d'œuvre de tannerie, mais ils témoignent d'une volonté arrêtée de bien faire.

MOLINIER. — Les peaux de mouton corroyées de M. Charles Molinier, de Buzet, sont bien traitées ; elles ont été conduites avec suite d'une opération à l'autre, et il ne faudrait pas beaucoup plus pour mériter une mention toute particulière.

NOEL. — Les produits céramiques constituent l'un des arts industriels les plus florissants du département, et M. Théophile Noël, de Revel, exerce cet art avec amour et intelligence. Mais il a de redoutables concurrents, auxquels encore il n'a pu s'égaler ; donc, encore de la persévérance et de nouveaux efforts : le chemin du succès est hérissé d'obstacles de toute nature, et malheur à celui qui succombe au découragement.

POUPÉE. — La bonneterie est la spécialité industrielle de M. Poupée, de Montréjeau ; il a envoyé des tricots et des pantalons. Au reste, son lot se compose d'articles conditionnés avec soin et qui lui font grand honneur.

SERNIN. — M. Sernin, de Saint-Sulpice-sur-Lèze, a exposé des liqueurs et des fruits confits. Les derniers surtout valent qu'on les remarque.

SEUBE. — M. Seube est fabricant de chocolats à Bagnères-de-Luchon. Ses produits sont purs et ont l'arôme voulu ; il manquent peut-être un peu de finesse dans le grain de la pâte.

SUDRE FILS. — Les vins de Seysses sont d'excellents vins de table, et mériteraient certainement d'être plus demandés qu'ils ne le sont. On doit donc remercier M. Sudre fils d'avoir cherché à leur faire une certaine publicité, en les faisant concourir à l'Exposition, où ils ont figuré avec avantage aux yeux des connaisseurs.

Tournié. — M. Tournié, de Gémil, a envoyé deux machines-charrues. Elles ont du bon, mais elles attendent quelques changements pour pouvoir devenir d'un usage plus facile.

Bon et C^ie. — La papeterie de Lacourtensourt ne demande qu'à se faire connaître et à prospérer de plus en plus; or les efforts intelligents mènent toujours à la réussite; d'ailleurs, MM. Bon et C^ie ont désormais une place marquée parmi les industriels de leur spécialité, et cette place deviendra de jour en jour plus belle, c'est du moins la conviction qui m'est venue en examinant, à l'Exposition, leur lot de papier de diverses qualités.

Calmettes. — M. Calmettes, de Bruguières, a exposé des tuiles à la mécanique. Elles n'ont pas, j'en conviens, le même degré de perfection que celles qui sont fabriquées par les procédés ordinaires; mais ce résultat ne me semble qu'une question de temps, et, le jour où il aura été atteint, un beau perfectionnement sera réalisé.

M^me Chanfreau. — La broderie en filet est familière à M^me Chanfreau, de Boulogne; les rideaux de croisée qu'elle a exposés en sont la preuve et témoignent de son habileté peu commune.

Connac. — Les produits céramiques sont la spécialité de M. Connac, de Lapujade. Voici ce que j'ai eu l'occasion d'en écrire quelque part. « La maison Connac, qui a sa fabrique à la Pujade et ses magasins de vente et d'exposition allée Louis-Napoléon, 12, m'a fourni l'occasion d'admirer deux belles statues en spath et alumine, dont l'une est à droite et l'autre à gauche du maître-autel de MM. Asquié, dans la grande salle. »

HÉRISSON. — M. Hérisson, de Tor-d'en-Haut, a exposé des cocons. Ils sont fins et beaux, et produiront certainement de la soie de belle qualité.

MONTAUBÉRIC. — La boîte à soufrer de M. Montaubéric, de Muret, ne me semble pas présenter des avantages bien prouvés sur les instruments du même genre. L'exposant a eu l'intention de réalisr un perfectionnement; mais, en industrie, l'intention est loin de faire l'œuvre.

PINEL. — La faïence de ménage est, à mes yeux, un objet encore plus important que la faïence de luxe; c'est pourquoi je pense que l'on doit des encouragements à M. Pinel, de Revel, pour les soins qu'il apporte à la fabrication de cet objet de première nécessité.

SICARD DE SAINT-SIMON. — M. Sicard de Saint-Simon, à Carbonne, est familier avec les travaux de tour; il a exposé un guillochage et divers objets tournés qui font le plus grand honneur à son habileté.

BERGÈS. — Les conserves alimentaires que M. Bergès, de Cazères, a envoyées à l'Exposition, pouvaient y figurer honorablement; elles sont de bon choix et soigneusement conditionnées.

GALINIER. — M. Galinier, de Lalande, a concouru pour des tuiles; elles sont d'un bon travail et parfaites de cuisson.

PALMADE. — M. Marius Palmade est plâtrier-sculpteur à Pierre-des-Lages. Nous avons eu de lui un beau maître-autel, un vase de fleurs fait avec beaucoup de goût et un modèle de cheminée bien réussi.

VIGNOLLES. M. Vignolles, autrefois habitant de Toulouse, où il a un dépôt, rue des Lois, 26, et aujourd'hui de Saint-Gaudens, attribue une vertu souveraine, pour arrêter la chûte des cheveux, à la pommade régénératrice, dont il est l'inventeur; il paraît, en outre, qu'on l'emploie avec succès mêlée aux eaux sulfureuses, et que l'expérience de ce fait a eu lieu bien souvent à Luchon.

MERCIER. — M. Mercier, jardinier chez M. Limayrac, à Montaudran, a exposé une remarquable collection de plantes maraîchères, bien choisies et de belle venue.

SURAN. — Je ne peux que donner, pour un lot pareil, des éloges semblables à M. Suran (François), de Blagnac.

## § II.

## Exposants de Toulouse.

ABEILLOU. — M. Abeillou, outilleur, rue Notre-Dame, 10, a concouru avec des outils pour la menuiserie. Ces outils vibrent clairement, sont de bonne trempe, et contiennent en quantité suffisante de l'acier de bonne qualité.

ADDÉ VIDAL. — Dire que l'on a parcouru la rue Saint-Rome, ne serait-ce qu'une seule fois, et en homme pressé, c'est avouer que l'on a dû remarquer le Palais de Cristal, au n° 30. C'est là que se trouve l'atelier de peinture sur porcelaine de M. Addé Vidal, avec spécialité de dorure sur cristaux. M. Addé Vidal a fait ses preuves, et constater l'étendue des affaires de cette maison, n'est pas le moindre éloge que l'on puisse en faire ; le public, en effet, n'accorde sa confiance qu'en connaissance de cause, je veux dire qu'il se trompe rarement sur la valeur d'un fabricant ; en cette occasion, sa confiance est méritée à tous égards.

ADER. — Nous avons eu de M. Ader, rue des Couteliers, 5, des chaises faites avec goût, élégantes pour la forme et finies sous le rapport du travail.

AJON. — J'ai admiré de M. Ajon, de la rue Saint-Rome, 22, deux superbes cornes d'abondance, et deux belles vierges de Rome, statuettes en biscuit blanc. M. Ajon soigne ses produits, et il s'est acquis une belle clientèle, qui lui reste attachée avec raison. Peut-être vise-t-il un peu moins à l'art que ses confrères, et aussi un peu moins à la légèreté des formes. Mais il a su garder un juste milieu, et les conditions de durée, dans les porcelaines, ne sont pas à dédaigner, lorsqu'elles ne sont point obtenues au mépris de l'élégance.

ALBRIGHI. — Vous n'êtes pas allé aux allées Louis-Napoléon sans avoir vu une enseigne portant ces mots : Albrighi, glacier, pâtissier, n° 1. Hé bien ! le jeu de mots est, en cette circonstance, d'accord avec l'exacte vérité : M. Albrighi est un pâtissier *numéro un*. Du reste, les produits de cette maison n'ont pas attendu jusques à ce jour à être appréciés, et ils n'ont eu pour cela aucun besoin de l'Exposition : ils jouissent depuis des années d'une vogue méritée.

AMBROISE. — Les pianos de M. Ferdinand Ambroise

sont bien connus à Toulouse, et ils ont tenu un rang honorable à l'Exposition, comme on était en droit de s'y attendre.

ANCINELLE. — M. Ancinelle, faubourg Bonnefoy, a exposé des bougies et des suifs. Ce fabricant soigne toutes les manipulations qui ressortissent à sa spécialité industrielle.

ARGANCE. — La mode des crinolines a donné naissance a une industrie maintenant devenue en quelques années fort prospère. Celles qu'a exposées M. Argance, de la rue des Tourneurs, 48, ont une forme élégante et sont solidement cousues. Du reste, ce fabricant se recommande par la modicité des prix.

ARNAUD. — M. Arnaud, de la rue Boulbonne, 54, a mis aux Jacobins une cage pour oiseaux ; elle est remarquable par son élégance et sa commodité.

ARQUÉ. — M. Arqué (Raymond) est carrossier, avenue Louis-Napoléon ; il est l'un des représentants les plus favorablement connus de l'industrie carrossière, si développée et si importante en notre cité. Nous avons eu de cet exposant quatre voitures, toutes les quatre irréprochables comme construction et comme élégance : Une calèche à siége à l'anglaise, un coupé cylindrique à un cheval, un petit mylord léger et une victoria pour conduire en Daumont, avec un siége derrière.

ARTIGUE. — L'Exposition a reçu de M. Artigue, du quartier de Terre-Cabade, quatre paires de platines et une paire d'attelles. Ces pièces sont bien soignées.

ASQUIÉ ET BAUX. — L'Exposition a reçu de MM. Asquié et Baux, marbriers, un autel en marbre style XIIIe siècle, et plusieurs cheminées aussi en marbre. De l'autel en marbre, j'en ai déjà parlé dans un journal industriel de la ville et je reproduis mes paroles. « M. Cousse, curé dans le Gers, a fait preuve de goût en achetant le maître-autel placé à côté de la monumentale cheminée qu'ont exposée MM. Virebent frères. Ce maître-autel est sorti des ateliers de marbrerie de MM. Asquié frères, allées Louis-Napoléon, 10 et 18. »

AUBA. — Des mastics et des eaux minérales ont été soumis à l'appréciation du jury par M. Auba, rue des Tourneurs, 45. Les mastics de cet exposant sont d'excellente qualité, les eaux minérales sont parfaitement tenues.

AURIOLLE ET GAUTIER. — Les limonades gazeuses constituent de nos jours une insdustrie très développée. MM. Auriolle et Gautier, rue Baronie, 10, apportent tous leurs soins à cette fabrication et réussissent bien.

BADIN. — La maison Badin, pour la fabrication des bandages, est l'une des plus importantes de France. Donner une idée des objets multipliés qui se font dans ses ateliers, cela serait difficile et demanderait une grande étendue. Mais tous les visiteurs de l'Exposition se sont arrêtés avec admiration devant la magnifique vitrine de cet exposant, qui est, sans contredit, la merveille de l'exhibition actuelle. D'un autre côté, les connaisseurs ont attentivement examiné, au mur de la galerie du second étage, la belle collection de moules en fonte de l'éminent bandagiste. Les éloges seraient donc superflus; M. Badin, en sa spécialité, n'a pas eu et ne pouvait pas avoir d'égal à l'Exposition.

BARABÉ. — M. Barabé, armurier, place des Carmes, 24, a exposé cinq articles : un appareil pour char-
ger vingt cartouches à la fois avec ses accessoires ; une
matrice à réamorcer et un crochet à réamorcer ; un cou-
teau pour couper les cartouches ; des bourres et des an-
neaux gommés ; enfin un sertisseur pouvant sertir les
cartouches dans la matrice. Ces divers objets constituent
un ensemble destiné à devenir l'une des parties les plus
importantes de l'équipement d'un chasseur. En effet, l'appareil de M. Barnabé est un perfectionnement des plus
utiles et qui ne peut qu'arriver à la sanction de l'approbation publique.

BARBAROUX. — M. Barbaroux, mécanicien, quai de
Brienne, 32, a concouru pour une machine à épurer
le blé. Les épurateurs ont été nombreux à l'Exposition
et ils ont été très variés sous le rapport de la construction. M. Barbaroux, parmi les concurrents, a tenu un
rang honorable.

BARBOT. — M. Barbot (Alfred), place Louis-Napoléon, 11, a présenté des pochades artistiques. C'est un
travail curieux, original, si vous le voulez bien ; mais
après?...

BARÈS. — M. Barès, faubourg Bonnefoy, 60, s'est
fait une spécialité de la fabrication des voitures d'enfant en fil de fer. Au reste, on ne saurait trop l'en féliciter, tant il excelle dans cette partie. Ses articles ont
été de ceux que les visiteurs de l'Exposition ont remarqués avec faveur.

BARONIÉ. — M. Baronié est graveur, rue Fourbastard, 6. C'est un homme assidu, appliqué, réfléchi.

Nous avons de lui de la gravure sur bois et des épreuves; parmi ces dernières, j'ai remarqué la reproduction fort ressemblante d'un homme qui a été une célébrité de la rue : je veux parler de Filouse.

BARREAU. — Les cartes de visite qu'a exposées M. Barreau ont les qualités essentielles qui peuvent être exigées de ce produit.

BASTIÉ. — Voici des caisses de pendule fort élégantes en leur genre, qui sont sorties de l'atelier de menuiserie de M. Bastié, rue Basse-du-Rempart, 18.

DE BATAILLE ET C$^{ie}$. — Les crins servent à une foule d'usages dans les arts et dans l'industrie. Ceux qui sortent de la maison de MM. de Bataille et C$^{ie}$, sont de choix, bien tenus; aussi jouissent-ils d'une grande faveur sur notre marché, où il s'en fait un commerce si considérable, ne voudrais-je parler que des crins crépis achetés pour la fabrication des meubles et de la literie, si développée à Toulouse.

BAUDENS. — Les amidons se fabriquent bien en notre ville, et M. Baudens, avenue de Muret, 55, est favorablement connu comme l'un des représentants intelligents de cette spécialité industrielle.

BEDEL. — En différents endroits de la grande salle, sont divers objets exposés par M. Bedel, encadreur, rue des Arts, 4. En sa spécialité, cette maison est l'une des mieux achalandées que je sache. L'étalage de son magasin est bien connu des promeneurs toulousains, auxquels il ménage chaque jour quelque surprise nouvelle; les acheteurs, de leur côté, n'ignorent pas que, dans

5

cet établissement, leur confiance ne sera jamais trom-
pée.

M^{lles} Bégué soeurs. — Comme modistes et pour leur
habileté dans la confection des parures riches, M^{lles} Bégué sœurs, rue Temponière, 13, ont, dans le monde
élégant de Toulouse, une réputation assise. Du reste,
leur lot à l'Exposition dit assez combien elles ont le
goût délicat, et à quel point leur main est exercée aux
travaux si minutieux de leur profession.

Bellegarrigue. — Les portraits photographiés de
M. Bellegarrigue, rue Saint-Géraud, 3, ne présentent
aucune particularité autre que celles qui font l'originalité des produits de ce genre. Ce sont des photographies
correctes, et c'est tout.

Benazech. — M. Benazech, photographe, rue de la
Pomme, 34, me paraît plus soucieux de rechercher les
perfectionnements dont son industrie peut être susceptible. Ce n'est qu'avec cela qu'on se distingue entre ses
pareils.

Benac. — M. Benac, boulevard Saint-Aubin, 14, a
concouru pour les soufflets de forge. C'est un ouvrier
intelligent et habile dans sa profession.

Joseph Bent. — M. Joseph Bent, rue Saint-Rome, 3,
est, comme son frère aîné, et comme l'était leur père,
dont il continue les traditions, un chasublier de mérite.
Le dais qu'il a exposé n'est pas une œuvre d'art au
même degré que celui de M. Henri Bent; mais il n'en
est pas moins recommandable à plusieurs titres. Il a été
vendu, et il sera certainement l'un des beaux ornements
de l'église qui en a fait l'acquisition.

BENT FILS AÎNÉ. — M. Bent fils aîné, avec son industrie de chasublier, s'est fait une place telle qu'il ne
reste plus qu'à admirer, lorsqu'un objet sort des ateliers
de la place Saint Étienne, 3. La chasublerie est l'un des
plus beaux arts industriels, et M. Henri Bent n'ignore
aucun des secrets de cet art. Du reste, il a voulu résu-
mer, dans sa splendide vitrine, tout ce qui se rattache à
sa profession ; trois objets ont été destinés à cette difficile synthèse : un dais, une chasuble et un pannoncel sur
lequel sont brodées les armes de Toulouse. Le dais est un
travail des plus complexes, et cependant il a été mené à
ce point de perfection que l'œil le plus exercé ne trouverait pas le fil le plus ténu à critiquer pour la direction
qu'il affecte ; c'est admirable de broderie, et encore
au-dessus de tout éloge comme dorure. Ici, je m'adresse
à M. Cassaing fils, rue Riquepels, 12, qui a exécuté
cette dorure ; c'est une œuvre capitale qu'il a faite en
cela, et qui suffit pour établir une réputation de mérite
hors ligne.

BERGÈS JEUNE. — M. Bergès jeune est marbrier,
allée Saint-Étienne, 27. Nous avons eu de lui : d'abord
trois échantillons remarquables de marbre, celui-ci des
carrières de Mancioux, celui-là de celles de Cierp, et
cet autre de celles d'Arguenos ; d'autre part, une belle
cheminée en marbre de Mancioux, encore un bloc de
ce même marbre, et enfin un autel parfait de conception
et d'exécution, en marbres d'Italie et de Californie combinés.

BERNADAT. — Les conserves alimentaires de M. Bernadat, rue du Taur, 29, se recommandent par le soin

avec lequel elles ont été composées ; elles ont les qualités que peut demander à des produits de cette sorte le consommateur le plus exigeant.

BERNARD. — Les nattes de M. Pierre Bernard, rue Riquet, 8, sont habilement travaillées, solidement confectionnées. Que leur demander de plus ?

BERNADY. — Les cierges et les bougies de M. Bernady, rue des Teinturiers, 2, prouvent que ce fabricant recherche tous les perfectionnements utiles qui ont trait à son industrie ; son lot est des mieux composés.

BERT. — M. Bert, rue Arnaud-Vidal, 18, est breveté pour une invention qui a rapport à la chapellerie. Je laisse parler son écriteau. Il a inventé les procédés de teinture pour obtenir, en foulant, toutes sortes de nuances sur les chapeaux en feutre. C'est par suite de cette invention que la fabrication des chapeaux drapés veloutés est devenue le monopole de la ville de Toulouse.

BERTRAND. — M. Bertrand est lithographe, ce mot, toutefois, ayant été dépouillé de toute signification artistique : la boîte d'allumettes et les articles de même acabit absorbent à peu près entièrement ses capacités professionnelles. Il a doté l'Exposition de deux boîtes pour papier à cigarette : peut-être son ambition se bornait-elle à ce qu'elles fussent choisies pour la loterie.

BIRE AÎNÉ. — Les pompes et les rouets de M. Bire aîné, mécanicien, sont habilement travaillés ; mais, comme perfectionnements, je ne leur trouve rien de remarquable.

VEUVE BLAISE. — L'industrie de M^me veuve Blaise, allée des Zéphirs, est fort complexe ; cette maison fabrique à la fois la cire à cacheter, l'encre, le mastic à bouteilles, les mèches soufrées pour barriques, la cire à dépêches et d'autres articles encore. L'essentiel, c'est que c'est un établissement très avantageusement connu, et son lot à l'Exposition est une preuve qu'elle l'est à juste titre.

VEUVE BLANDINIÈRES. — La blouse est un vêtement populaire dont le débit est fort étendu en ce pays; M^me veuve Blandinières, lingère, rue Matabiau, a voulu l'embellir autant que sa forme et sa destination le permettaient, et elle y a bien réussi par sa confection des blouses brodées en soie.

BLANICH — M. Blanich a fait concourir des cages pour canaris. Elles sont remarquables par l'élégance et la légéreté des formes, et par les dispositions heureuses de leur aménagement; ce sont de vrais meubles qui peuvent être acceptés dans les intérieurs les plus somptueux.

BLATGÉ. — Les billards de M. Blatgé, rue Riquet, ne sont pas aussi recherchés dans leurs formes que d'autres qui ont été exposés auprès d'eux; mais, en revanche, ils sont plus accessibles à l'acheteur ordinaire, pour les prix, et c'est l'acheteur ordinaire qui est la règle dans les demandes de cette sorte de produits.

BLÉS. — M. François Blés, rue de la Rispe, 11, a exposé des tiges prêtes à monter. En son genre, ce produit est irréprochable.

BOMPARD. — M. Bompard est, non seulement un libraire, dans le sens de vendeur de livres, mais encore un amateur de curiosités de librairie et de manuscrits anciens. C'est à titre de manuscrit curieux qu'il a mis à l'Exposition celui du livre intitulé : *Clavicule de Salomon.*

BONEFOUS, *mécanicien.* — La bascule nouveau système de M. Bonefous, mécanicien, place Roguet, 2, est ingénieusement conçue ; mais il me semble qu'elle est susceptible de certaines modifications qui en rendraient l'emploi plus facile et plus commode.

BONNAL ET GIBRAC. — MM. Bonnal et Gibrac, imprimeurs, rue Saint-Rome, 44, abordent franchement toutes les opérations que comporte leur profession : ils ont de l'initiative. Aussi leur lot à l'Exposition a-t-il été remarqué avantageusement. Les principaux degrés de l'échelle des travaux typographiques y sont accusés, depuis le classique grec, en passant par les classiques latins et français, par les ouvrages avec vignettes dans le texte et par les ouvrages de ville, jusqu'aux tableaux pour l'administration.

BONNEMAISON. — La marqueterie de M. Bonnemaison se distingue par l'originalité des dessins et par son exécution à l'abri de tout reproche.

BONNET FRÈRES, *fondeurs-mécaniciens.* — MM. Bonnet frères, comme fondeurs et comme mécaniciens, jouissent dans le Midi d'une haute réputation de capacité, qu'ils ont acquise à force de travail et de persévérance ; ils sont, on peut le dire à leur honneur, les fils de leurs œuvres. Il n'y a donc pas à discuter le mérite des machines qu'ils ont exposées ; elles sont remarquables à tous les points de vue.

BONNET. — La poudrette est un engrais auquel les agriculteurs éclairés ont souvent recours. M. Bonnet, rue

Réclusane, 44, est connu pour la supériorité de celle qu'il livre à la vente.

BOREL. — M. Borel, place Saint-Pantaléon, 21, a exposé des empeignes piquées pour chaussures; le travail des piqûres est patiemment fait et bien réussi.

BOUDOU FILS. — Les jalousies sorties de l'atelier de M. Boudou fils, menuisier, se recommandent par leur jeu facile et leur solidité, unies à une grande élégance de formes.

BOUÉ. — M. Bertrand Boué, boulevard Lascroses, 9, a soumis à l'appréciation du jury un rapporteur de parallèles. Je m'abstiendrai de juger cet instrument, que je n'ai pu examiner comme je l'aurais voulu.

BOUSSARD ET MASSOL, *orfèvres*. — L'orfèvrerie exposée par MM. Boussard et Massol se fait remarquer par la richesse et l'élégance des formes; on reconnaît bien vite que ces exposants vendent leurs produits à une clientèle d'élite.

BOUTET. — La literie en fer jouit, depuis quelques années, d'une grande vogue. Aussi a-t-on cherché à lui donner un cachet qui lui permît d'être acceptée dans les intérieurs opulents. M. Boutet, de la rue des Chapeliers, a réuni dans ses magasins toutes les variétés de lits en fer. Ceux qu'il a fait figurer aux Jacobins sont remarquables à tous égards.

BOUZIGUES. — M. Bouzigues, de la rue Malaret, est avantageusement connu à Toulouse pour ses lits et ses ameublements. Son lot, à l'Exposition, ne dément pas ce renom mérité.

BOYER. — M. Boyer a exposé des toisons mérinos,

métis-mérinos et lauraguaises. Elles prouvent que cet exposant fait avec beaucoup d'intelligence l'élève des bêtes à laine.

BRAUD. — M. Braud est fabricant de pâtes alimentaires dans la rue du Lycée. Sa vitrine renferme à peu près toutes les variétés qui se rattachent à son industrie. Il est actif et il ne se dissimule pas que beaucoup d'autres, dans sa spécialité, ont le pas sur lui ; j'ai donc la conviction qu'il réalisera de nouveaux perfectionnements.

BRUNEL. — Nous avons eu, de M. Brunel, rue des Arts, 8, un buffet, une table et deux chaises. La table est d'un beau travail ; mais je la trouve un peu lourde. Le buffet est mieux réussi.

DE C... B., *photographe amateur.* — Cet exposant a concouru avec huit photographies, qui reproduisent toutes des vues. Le dessin est correct, les lignes essentielles sont nettement accusées : il y a du mérite en cela à cause de la multiplicité des objets qu'il fallait mettre en évidence dans chaque cadre. A mon avis, les morceaux les plus remarquables sont les deux ayant pour titre : l'un, *Meubles du XV° siècle;* l'autre, *Objets d'art.*

CALMET. — M. Calmet, de la rue des Lois, a concouru pour la librairie. Je ne trouve, dans son lot, rien qui mérite une mention particulière.

CAMBART, *affineur*. — L'Exposition a reçu, de M. Cambart, affineur, rue Riguepels, 23, des bascules-romaines et des mesures. Ces instruments sont consciencieusement faits et ne me paraissent laisser rien à désirer sous le rapport de la précision.

CANTAREUIL, *sculpteur*. — Le prie-dieu sculpté de M. Cantareuil, rue des Trente-Six-Ponts, 64, n'a pas eu la chance de me plaire. Au reste, il a produit sur bien d'autres personnes la même impression, Les grotesques figures qui l'ornent sont en opposition avec le caractère d'un tel meuble.

CANTON FILS. — M. Canton fils est fabricant de bouchons, rue des Lois, 12. Les spécimens de son industrie, qu'il a fournis à l'Exposition, donnent une bonne idée de ses procédés de fabrication.

CARALP. — Les neuf tableaux d'écritures de M. Caralp, rue Peyrolières, 40, ont peut-être quelque mérite caché; mais comme je ne les ai examinés qu'au point de vue d'une exposition industrielle, je n'ai pas su le découvrir.

CARDAILHAC, *mécanicien*. — M. Cardailhac a exposé de fort belles machines à sécher le blé, qui sont appelées à rendre des services signalés à plusieurs industries importantes.

CARLES. — M. Carles, rue Bonaparte, 54, a soumis à l'appréciation du jury des colliers de labour, et des colliers pour équipages de voiture. Ces appareils sont bien conçus et parfaitement exécutés.

A. CARLES, *parfumeur*. — J'ai entendu faire les meilleurs éloges des eaux de toilette de M. Alphonse Carles, rue de la Trinité, 16.

CAROLIS, *mécanicien*. — M. Carolis a envoyé cinq machines, toutes construites dans ses ateliers. J'ai surtout distingué : un hache-paille avec système à bascule, en sorte qu'on fait agir l'instrument de la main gauche pendant que la droite passe la paille ; un égrenoir à maïs qui réalise une notable économie de main-d'œuvre par l'adjonction d'un fournisseur d'où les épis tombent d'eux mêmes dans l'égrenoir.

CARRIÈRE. — M. Marc Carrière est non-seulement fleuriste, mais encore le seul graveur sur métaux que nous ayons à Toulouse. Il est, en outre, l'inventeur d'une étoffe artificielle, qui remplace fort avantageusement le paillon et à laquelle il vient d'ajouter, comme perfectionnement nouveau, la dorure sur le revers, en sorte que désormais elle imite l'or ou l'argent à s'y méprendre.

CASSAGNE. — M. Vital Cassagne, à Terre-Cabade, est très connu à Toulouse comme constructeur de monuments funèbres. Il a exposé des carrellements en pierre perpétuelle. Ce lot est digne d'être remarqué.

CASSAING FILS — J'ai déjà loué M. Cassaing fils pour sa dorure du dais de M. Henri Bent aîné. Nous avons eu également de lui une console en bois sculpté et doré, qui fait le plus grand honneur à son talent.

M^me CASSAING, *fleuriste*. — La maison de fleurs de M^me Paris date de 45 ans : elle est donc la plus ancienne de Toulouse, où cette dame a fondé plusieurs autres maisons pour la même spécialité industrielle. Elle fabrique toutes sortes de fleurs, sans avoir recours aux maisons de Paris. Il est à regretter qu'elle n'ait pas revendiqué à l'Exposition la première place, qui lui était légitimement acquise. Mais j'ai été heureux de voir figurer aux Jacobins M^me Cassaing, sa fille, qui a exposé une corbeille dans laquelle elle a réuni toutes les fleurs que la nature peut produire et qu'elle a parfaitement imitées. Elle n'a eu, pour obtenir ce résultat, qu'à appliquer les excellents principes de fabrication que sa mère s'est efforcée de lui donner.

CASSAN FILS, *lithographe*. — Voici comment un critique judicieux a jugé cet exposant. « M. Cassan fils a exhibé un grand nombre de cadres, cadres de commerce, cadres de couleurs. Ses travaux en factures, mandats, etc., sont bien traités. C'est encore une maison importante et qui a obtenu une mention honorable à la dernière Exposition. Les cadres de couleur se ressentent un peu trop des modèles de Paris; un peu d'initiative et M. Cassan arrivera. »

CASSÉ. — M. Félix Cassé, rue des Balances, 46, a exposé le résultat d'une découverte qui, si elle est réelle, est appelée à rendre de grands services : je veux parler de son eau merveilleuse et infaillible pour la destruction des punaises.

CASTAING. — La maison Castaing a une soufflerie de poils avec machine hydraulique, au quai de Tounis. Sa fabrique de feutres, impasse 36-Ponts, jouit d'un renom mérité. Mais cette maison se recommande principalement pour la fabrication des casquettes, garniture et appropriage, rue du Mai, 3.

CASTEL. — M. Louis Castel est fabricant de chaussures, rue des Arts, 3. Cet exposant aime à soigner les moindres détails.

CASTÉRA. — M. Castéra, avenue de la Patte-d'Oie, a

envoyé des fouets montés. Ils sont commodes et élégants.

CASTÉRÉS ET LAMOLE. — M. Castérés et Lamole, rue Bonaparte, 49, ont soumis à l'appréciation du jury des crins crépis, c'est-à-dire qui ont été d'abord filés et tordus comme des cordes et qu'on a fait bouillir ensuite pour les friser. Les crins de ces exposants sont d'excellente qualité et d'un bon emploi dans un grand nombre de cas, par exemple pour garnir des matelas, ou bien pour rembourrer des meubles, des coussins, des selles.

CAUSSAN. — Le dessin que M. Caussan a mis à l'Exposition, ne manque pas de netteté ; néanmoins un regard exercé peut y surprendre quelques imperfections de détail.

M^{lle} CAUSSE, *modiste*. — La vitrine de modes et de coiffures de M^{lle} Causse, rue des Filatiers, 51, révèle une main exercée, guidée par un goût exquis.

CAUSSÉ, *sculpteur-statuaire*. — M. Auguste Caussé, rue Sainte-Germaine, 45, est plus qu'un ouvrier habile ; il a aussi le sentiment de l'art. Je ne veux pour preuve de ce que j'avance que sa statue de la Vierge-mère.

CAZAC, *pharmacien*. — M. Cazac, rue Saint-Etienne, 18, a fourni à l'Exposition des Eaux minérales, un appareil conservateur pour les eaux sulfureuses et des extraits pharmaceutiques. L'appareil conservateur pour les eaux sulfureuses est une heureuse conception appelée à rendre de bons services.

CAZANOU. — Le modèle d'école de natation ou gymnase nautique de M. Cazanou, rue de Castres, 27, donne une idée assez exacte de ce que ces sortes de gymnases sont dans la pratique.

Cazeaux et César-Bru. — Nous avons eu de ces fabricants des allumettes bougies de toute espèce, des allumettes en papier inextinguible au vent et des boîtes caoutchouc, nouveau système, pour des allumettes bougies. Leurs produits se font remarquer en raison d'une foule de qualités qui sont le résultat de bons procédés de fabrication.

Cazelles. — M. Cazelles, rue Traversière de la Balance, a concouru pour des objets d'art en ciment qui font honneur à son habileté.

Cazeneuve, *carrossier*. — Les voitures de M. Cazeneuve, rue Rempart-Saint-Etienne, 44, visent peut-être un peu trop à l'élégance au détriment de la solidité.

Cazeneuve et Cie. — Les meubles de MM. Cazeneuve et Cie, rue des Arts, 18, sont d'un beau travail. Toutefois, je leur désirerais un peu plus de légèreté dans les formes.

Chabaud. — Le ciment de M. Chabaud, place Saint-Aubin, 12, est d'une bonne composition. Les produits céramiques du même exposant révèlent un homme de goût.

Chalons. — M. Paul Châlons, peintre verrier, est un jeune débutant plein de talent et d'avenir qui s'est présenté à l'Exposition actuelle avec des œuvres de la plus grande valeur : Tolosa, sainte Isabelle, David composant ses spaumes et la décoration d'une chapelle dédiée à la Sainte-Croix, pour l'église Saint-Nicolas.

Chambaron, *graveur*. — L'Exposition a reçu de

M. Chambaron, rue Saint-Pantaléon, 10, des épreuves de gravures sur bois. Elles sont belles à tous égards, comme nous étions en droit de nous y attendre de la part d'un homme qui est regardé comme le premier graveur sur bois de notre cité.

CHANTRE, *bottier*. — M. Charles Chantre, rue Fourbastard, 14, est un bottier distingué; les chaussures qu'il a exposées en sont une preuve convaincante.

CHAPOT ET DULON. — Les eaux gazeuses de ces exposants jouissent déjà d'un renom mérité, qu'elles doivent à leur supériorité sur les autres produits du même genre.

CHAUBET. — M. Jean-Jacques Chaubet, tailleur de pierre, rue des Sept-Troubadours, 17, a exposé un monument funèbre; c'est un travail bien compris et conduit à bonne fin.

CHIPOULET (ARNAUD). — Le lot de pâtes alimentaires de M. Chipoulet (Arnaud) est, sinon le plus remarquable, du moins l'un des plus remarquables en son genre.

CIOKA. — Les lits mécaniques, les ciels-ouverts et les différents objets de serrurerie qui ont été envoyés par M. Cioka, rue des Récollets, 103, peuvent soutenir le parallèle avec ce qui a été exposé de mieux en cette spécialité.

M^me CLOUET, *fleuriste*. — Les fleurs artificielles de M^me Clouet sont faites avec goût et habileté; toutefois, je désirerais que la fleuriste de la place de la Trinité, 57, fit ses bouquets un peu plus dégagés.

COMBES, *horticulteur*. — Les produits de M. Combes sont estimés de tous les connaisseurs et son lot à l'Exposition s'est attiré de nombreux suffrages.

COMÈRE, *coiffeur*. — M. Comère, de la rue Peyras, 3, a exposé pour un procédé de son invention, au moyen duquel il fait la teinture des cheveux et de la barbe, et pour un appareil hygiénique servant à laver et à sécher la tête en dix minutes. Les échantillons exhibés par cet exposant paraissent être des plus concluants en faveur de son procédé de teinture.

H. COMÈRE. — M. Comère, rue des Paradoux, a concouru pour ses produits chimiques qui sont recommandables sous le rapport de la composition et de la qualité.

CORNAC. — L'Exposition a reçu de M. Cornac, rue des Arts, 5, des stucs en carton pierre, un pupitre sculpté et un thabor. Le pupitre sculpté est l'objet le plus remarquable de ce lot.

CORNE ET Cⁱᵉ. — Les porcelaines de MM. Corne et Cⁱᵉ forment un des lots les plus remarquables de l'Exposition en cette spécialité. J'aime surtout à y voir figurer les noms de plusieurs ouvriers distingués de Toulouse.

CORTADELLAS. — M. Cortadellas, rondpoint de la Patte-d'Oie, a soumis ses farinés à l'appréciation du jury qui, à mon avis, ne saurait lui être défavorable.

CORTES. — M. Victor Cortes, rue du Musée, 17, a exposé des articles de chasse; ils sont commodes et bien conditionnés.

COUADOU. — Le panier à rafraîchir les vins qui est dû à M. Couadou, rue des Blanchets, 29, est la réalisation d'une heureuse idée et trouvera bientôt sa place dans tous les celliers bien tenus.

COULOM, *relieur*. — M. Baptiste Coulom a concouru pour la reliure. En cette spécialité, son lot est l'un des plus curieux et des plus remarquables de l'Exposition.

COURRENQ. — M. Courrenq, rue des Tourneurs, a exposé des machines à couper et à régler le papier. Elles fonctionnent parfaitement bien et sont d'une installation commode.

COUTANCEAU, *serrurier*. — M. Coutanceau est serrurier dans la rue Maletache, 9. Je n'ai rien trouvé dans son lot qui pût motiver une mention particulière.

M^me COUZI. — M^me Couzi, rue Saint-Etienne, 2, a concouru pour ses chapeaux et pour ses coiffures. C'est une ouvrière habile et d'un goût sûr.

CRESPIN ET MANADÉ, *liquoristes*. — Les liqueurs de MM. Crespin et Manadé, rue du Rempart-St-Etienne, 22, sont, de l'avis des connaisseurs, d'un degré spiritueux un peu trop faible.

CRICQ, *sculpteur*. — Les meubles sculptés qu'a exposés M. Cricq, rue Héliot, 15, sont de véritables œuvres d'art; aussi ont-ils été remarqués par les plus grand nombre des visiteurs.

CRISTOPHE. — M. Pierre Cristophe a exposé des sabots comme spécimen de sa fabrication, qui me paraît irréprochable.

CROPET. — Les pianos de M. Cropet, rue Saint-Antoine-du-T, 13, ont une belle sonorité et sont très riches de forme. Une mention spéciale est due au piano pour sourds-muets, inventé par l'exposant.

CROZET, *tapissier*. — M. Crozet, place du Salin, 10, a envoyé à l'Exposition deux sommiers élastiques qui justifient par leur supériorité la faveur dont ce tapissier jouit auprès du public.

CUCURROU, *bottier*. — Les chaussures qu'a exposées M. Cucurrou, rue d'Astorg, 19, sont une preuve que cet exposant recherche avec assiduité tous les perfectionnements qui ont trait à sa profession.

CULIÉ. — Le lot de M. Culié, rue de la Pomme, 34, est l'un des plus variés et des plus riches. J'ai surtout remarqué un calice doré au feu et un ciboire doré au galvanisme.

CUSON. — C'est un beau lot que celui de M. Victor Cuson, miroitier de notre ville, rue Saint-Etienne, 13. Les glaces qu'il a exposées sont d'un travail élégant. Peut-être, cependant, cette exposition trahit-elle un peu la préméditation d'attirer les regards du visiteur par les accessoires coquettement arrangés au-devant : Statues de M. E. Cassaing fils, doreur, rue Riguepels, 12 ; bouquet de M^me Cassaing, fleuriste, rue St-Etienne, 14 ; ornements de foyer, fournis par MM. François Yarz et C^ie, qui en sont les dépositaires. Je n'exprime pas toutefois un reproche : toutes ces belles choses ne peuvent que constituer un bel ensemble, et le goût, en somme, qui n'est déplacé nulle part, l'est moins dans les arrangements d'une exhibition que partout ailleurs.

DABADIE. — M. Dabadie est un excellent armurier qui a une clientèle d'élite. Son lot à l'Exposition justifie pleinement la faveur dont il jouit.

DARBEFEUILLE. — Les bocaux de sangsues qui ont été

exposés par M. Darbefeuille dénotent qu'il ne néglige rien pour bien faire en sa spécialité.

DARDENNE. — L'Elixir de la Résurreçiion, de M. Dardenne, rue Lafaille, 7, ne parait pas capable de ressusciter un mort ; somme toute, cependant, cet élixir a du bon.

DAROLLES, *poêlier*. — Les cheminées et les poêles de M. Darolles, rue des Tourneurs, 60, me paraissent un lot des plus méritants en leur genre.

DARRIEUS FRÈRES, *tanneurs et corroyeurs*. — Des cuirs divers ont été soumis à l'appréciation du jury par MM. Darrieus frères, rue Mirepoix, 3. Ces fabricants ont la volonté ferme de perfectionner de plus en plus leurs produits, et cette persévérance les conduira certainement au succès.

M^{lle} DARTIGUES. — Les fleurs artificielles de M^{lle} Dartigues, place Rouaix, 20, sont travaillées avec goût et bien réussies.

DAST, *cordier*. — En son genre, le lot de M. Dast, place du Pont, 10, m'a paru l'un des plus recommandables de l'Exposition ; il se compose de chanvre, de fil de chanvre et de cordages.

DAUTHREAU. — Nous avons eu de M. Dauthreau, rue Palaprat, 12, une vitrine contenant du papier-verre et du papier émeri ; ces articles sont bons.

DAYDÉ ET ROCACHÉ. — Les faux bois et les faux marbres de M. Daydé et Rocaché, rue du Coq-d'Inde, 3, méritent à tous égards d'être spécialement remarqués. Ces exposants sont actifs et ont l'intelligence des meilleurs procédés de leur genre d'industrie.

DÉJEAN. — Les lampes et les appareils d'éclairage de M. Déjean jeune, rue Cujas, 3, composaient, dans la grande salle, une vitrine qui ne déparait pas les objets mignons et recherchés, à côté desquels elle était déplacée.

DELBOY. — M. Delboy, rue de la Pomme, est l'un des libraires les plus avantageusement connus de Toulouse, et il est digne de sa réputation ; son lot à l'Exposition était remarquable à plus d'un titre.

DELCROS. — Les parfumeries et les savons de toilette de M. Delcros, rue des Arts, 15, ont une réputation dans le Midi qui prouve ce qu'elles sont comme qualité ; et cependant cette maison s'est attachée, par la modicité des prix, à rendre ses produits accessibles à tout le monde. C'est là faire non-seulement une bonne spéculation, mais encore rendre un service éminent au progrès de l'hygiène publique, dont la propreté du corps est l'une des bases les plus essentielles. Sous ce rapport, c'est-à-dire par les conditions exceptionnelles de vente à bon marché où M. Delcros s'est placé, il me paraît avoir mieux compris son rôle que ses confrères.

DELHOM. — M. Delhom à exposé de la liqueur ; cet exposant calcule les proportions du mélange qui produit sa liqueur avec la sûreté d'un homme depuis longues années versé dans ces sortes de manipulations.

DELGA. — M. Joseph Delga, charpentier, rue Pargaminières, 49, a concouru pour un selle à lessive ; c'est un travail bien fait.

DELGAY FILS AÎNÉ. — Les meules de moulin, qui ont été envoyées par M. Delgay fils aîné, sont de bonne qualité et habilement travaillées.

DELOR , *graveur*. — Nous avons eu de M. Delor, graveur , rue des Balances, 25, des planches chromolithographiques et des planches de travaux d'art sur les chemins de fer de Montauban à Rodez et de Toulouse à Albi. Le tableau chromolithographique de la coloration des os par la garance , me paraît surtout remarquable.

DELORME ET Cⁱᵉ. — MM. Delorme et Cⁱᵉ , rue Peyrolières, 17, ont exposé du crin végétal. « On a, dit un lexicographe, donné le nom de crin végétal aux fibres préparées de l'agave, de la zostère, de la caragate, en un mot, à certaines préparations de sparterie, à l'aide desquelles on a cherché à remplacer le crin animal, dont le prix est assez élevé. » Telle est donc l'industrie que MM. Delorme et Cⁱᵉ ont voulu naturaliser et ont, en effet, on peut le dire, naturalisée dans notre ville. Leur initiative ne saurait trop être louée ; d'autant plus que, si j'en juge par le lot exposé, les produits de ces fabricants sont irréprochables en qualité.

DELPECH JEUNE. — Le bénitier en métal de M. Delpech jeune, rue Peyrolières, 17, est une œuvre de goût exécutée avec soin. Du reste, cet exposant se fait encore distinguer pour sa poterie d'étain, sa ferblanterie et ses lampes au schiste et au pétrole.

Mˡˡᵉ DELPECH. — Mˡˡᵉ Delpech, rue des Filatiers, 37 , a eu longtemps pour ouvrière Mˡˡᵉ Marie Delpech, aujourd'hui établie rue Baronie, et avec laquelle il faut se garder de la confondre. Il est vraiment à regretter que cette dernière n'ait pas exposé, car elle a un goût et une habileté rares. Quant à Mˡˡᵉ Delpech, de la rue des Filatiers, les chapeaux et les coiffures qui sortent actuellement de son atelier, me semblent ne pas traduire d'une façon satisfaisante les transformations capricieuses qui surviennent à de courts intervalles dans les modes des toilettes de femme ; c'est surchargé d'ornements et dépourvu de grâce.

DEMARTY. — La grande et la petite miroiterie de M. Demarty comprend des articles variés, qui sont tous très soignés.

DESTIÉ. — Il y a un mérite réel dans les sujets divers en zinc, repoussés au marteau, que l'Exposition a reçus de M. Destié, boulevard Saint-Aubin.

DESPAX ET BACOT, *distillateurs.* — La maison de MM. Despax et Bacot s'est placée au premier rang pour le commerce des boissons de table et des liqueurs diverses. Pour les liqueurs, la supérioté de sa fabrication est incontestable.

DESPAX AÎNÉ ET C$^{ie}$. — Les engrais exposés par MM. Despax aîné et C$^{ie}$ sont bien tenus, et leur efficacité a été éprouvée par beau nombre d'agriculteurs, qui en disent les choses les plus flatteuses.

DESPÉRAMONS, *sculpteur.* — Les bois sculptés de M. Despéramons, rue de la Pomme, 19, sont grandement dignes d'être examinés. Les objets exposés sont du meilleur goût, et leur arrangement est savamment fait. M. Despéramons me paraît avoir été bien inspiré, et je lui crois les qualités requises pour réussir largement dans sa spécialité, qui demande des hommes doublement organisés, puisqu'elle tient à la fois de l'industrie et de l'art. — Au reste, je fais peut-être une remarque sans portée ; qu'elle est, en effet, la profession qui, de nos jours, ne s'est pas élevée ou n'est pas descendue à ce niveau, et qui pourrait m'affirmer qu'il se fait maintenant des œuvres purement artistiques ?

Devers-Arnauné. — La maison Devers-Arnauné est, pour la librairie, l'une des principales de la ville ; rien d'étonnant, par conséquent, à ce que le lot qu'elle a exposé ait été distingué des visiteurs.

Doutre. — M. Doutre est sellier harnacheur, rue de l'Etoile, 14. Les harnais qu'il a mis au concours sont bien et solidement confectionnés, et néanmoins flattent l'œil.

Drouin et Monna. — Les produits alimentaires de MM. Drouin et Monna sont comparables à tout ce que l'Exposition avait de mieux en ce genre ; aussi, cette maison a-t-elle réuni les suffrages de tous les connaisseurs.

Dubois. — M. A. Dubois fils, dont l'atelier de peinture et de dorure sur porcelaines est situé au faubourg Matabiau, 15, possède à fond tous les secrets de son industrie, qui tient à l'art par beaucoup de côtés, je veux dire par le côté le plus remarqué : la forme et les décors. Je ne citerai rien de M. Dubois ; j'aurais trop à faire, parce qu'il me faudrait louer l'une après l'autre toutes les pièces que j'ai devant les yeux. Les produits de M. Dubois sont de ceux que le commerce écoule avec facilité, en raison de la variété des prix qui les met à la portée de toutes les bourses : et cependant ils ont un cachet artistique qui les distingue entre tous. Pouvait-on faire mieux dans l'industrie des porcelaines peintes ou dorées, et dans notre XIXᵉ siècle, ou beaucoup veulent avoir les apparences du luxe, alors qu'ils ne peuvent pas se permettre les objets de luxe réel?

DUBOR. — Rien n'est changeant comme la mode, et, de toutes les parties du costume de l'homme, aucune n'est assujettie aux caprices de cette reine de notre époque comme la chemise, du moins en ce qui en est apparent hors des autres vêtements. Cela établi, n'est-on pas en droit de se demander si, en notre temps où la vie va si vite, les lingères, qui attendent le client à domicile et ne confectionnent que sur commande, peuvent suffire aux exigences journalières auxquelles est soumis le consommateur? Je me suis posé la question et je n'ai su la résoudre que négativement. Ainsi, l'existence de l'industrie de la chemise confectionnée est, de nos jours, non moins justifiée que celle des maisons de confection de toute nature.

Que l'on ne demande donc point à quel titre d'utilité les produits de M. Dubor ont concouru à l'Exposition, et que, pour les apprécier, on ne discute pas autre chose que ces produits. Ils sont irréprochables, on est forcé d'en convenir; est-il besoin, en ce cas, de mêler à cette appréciation des considérations qui lui sont étrangères? A mon sentiment, on ne doit pas marchander une approbation aux produits de cet intelligent industriel qui a, dans notre cité, porté l'industrie qu'il exerce à son plus haut degré d'éclat.

Examinez-la sérieusement, cette belle vitrine de M. Dubor, dont les magasins, rue Louis-Napoléon, 1, ont, en outre, attiré sans doute si souvent votre attention et toujours émerveillé vos regards curieux. Que vous semble-t-il d'abord de l'ensemble ? Vous vous inclinez, c'est-à-dire que vous n'y trouvez rien à reprendre. Et maintenant, que me dites-vous de cetté riche chemise style Louis XV ? Et de cette autre, avec les armes de la ville de Toulouse brodées sur le devant ? Prêchez donc à votre moitié, avec M. Dupin, la robe de tiretaine et la coiffe des paysannes, lorsque vous-même vous permettez un tel luxe jusque dans votre chemise...

Mais revenons à mon fait. Je dis, et je suis intimement convaincu que les produits (les produits, entendez-vous bien) de M. Dubor n'ont, à l'Exposition, rien qui les égale en leur genre, et de plus, qu'ils constituent l'un des lots les plus méritants.

DOUCHEZ. — Les produits de M. Douchez, fabricant de sellerie, place Saint-Georges, 18, ont acquis, par leur élégance, les suffrages de tous les visiteurs impartiaux.

DUCOTÉ. — M. Claude Ducoté, menuisier au Busca, a exposé divers articles de menuiserie, qui sont tous dignes d'encouragements.

DUMOND. — Les couvertures exhibées par la maison Hugues Dumond, rue des Paradoux, 21, se recommandent par le choix des qualités ; elles forment l'un des bons lots de l'Exposition.

DUNAC, *passementier*. — M. Dunac, place Rouaix, 10, est un homme d'initiative, auquel notre cité est redevable, pour une grande part, de l'introduction parmi nous de la passementerie de luxe. Sans cesse en quête des procédés, au moyen desquels il pourra réaliser quelque nouveau progrès en sa spécialité, cet exposant est arrivé aux plus beaux résultats comme fabrication; il n'est

besoin, pour en demeurer convaincu, que de faire un
sérieux examen de sa vitrine, modeste de proportions
eu égard à celles qui l'avoisinent, mais dans laquelle
rien ne se trouve qui ne soit sorti des ateliers de M. Dunac et qui n'appelle l'éloge.

DUPIN, — M. Dupin, comme imprimeur, a un nom
connu à Toulouse, où ses affiches se sont fait un renom
mérité.

M<sup>me</sup> DURRIEU, *fleuriste*. — L'exhibition de M<sup>me</sup> Durrieu, fleuriste, rue des Arts, 10, mérite qu'on l'exa-
mine avec attention. Cette maison se recommande, entre
toutes celles de la même spécialité industrielle, par les
faïences imitation Palissy et par la vannerie de luxe
qu'elle emploie, et surtout par la délicatesse et le bon
goût qu'elle apporte dans la monture des fleurs artificielles; parures de soirée et de mariée, jardinières de
luxe, bouquets, plantes, arbustes.

EMMA. — M. Emma, chocolatier, galerie du Capitole,
a envoyé à l'Exposition des échantillons de ses produits ;
ils ont déjà reçu la sanction de l'approbation publique
et sont recherchés par les connaisseurs : d'autres succès
leur sont réservés sans doute.

ENCAUSSE. — M. Encausse est fabricant de gaînerie
et de cartonnage, rue du Taur, 14. Il a su imprimer à
sa spécialité industrielle un essor qu'elle n'avait jamais
eu à Toulouse. Aussi son lot est-il des plus variées et
a-t-il attiré l'attention des visiteurs, qui lui ont donné
les éloges les plus flatteurs. Boîtes de toilette, écrins,
étuis pour calice, cartons de luxe, tout enfin est irréprochable d'élégance et de fabrication.

EYMARD. — La fabrique de chocolat de M. Francisco Eymard est située rue Pharaon, 50. C'est une maison de confiance, qui a un excellent système de fabrication.

FALCOU. — Le lot de M. Philippe Falcou, rue des Vases, 8, se compose de divers objets, les uns d'utilité, les autres d'ornement ; tous sont la preuve de beaucoup de conception et d'habileté. Il faut citer, comme objets les plus importants, les trois rouleaux gravés pour imprimer les papiers et faits pour la maison Destrem. Il y a aussi un vrai mérite dans le cachet, gravure de cuivre dans le bois, envoyé également par cet exposant.

M^lle FALQUET. — M^lle Falquet, place Riquet, 59, a exposé un métier à guipure qui mérite une bonne mention.

FAURÉ. — M. Fauré est fabricant de foudres et de cuves ; les spécimens qu'il a exhibés font honneur à son habileté.

FAURÉ FRÈRES. — MM. Fauré frères, rue Saint-Etienne, 8, m'ont fourni l'occasion d'admirer leur statue de la Vierge, qui est un produit céramique bien réussi.

M^me G. FAURÉ. — Je trouve irréprochables le corset Eugénie et le corset à la Marie Stuart, qui sont l'œuvre de M^me Fauré, rue des Filatiers.

FENOT. — M. Charles Fenot, allées Louis-Napoléon, est fondeur de caractères. En sa spécialité, c'est une maison recommandable et dont les produits peuvent se dispenser de tout éloge.

FERRAS. — Voici comment un critique apprécie les

instruments de M. Ferras qui ont rappport à l'horticulture, jugement qui peut être appliqué également à la coutellerie et aux instruments de chirurgie de cet exposant :
« Tous ses produits, dit-il, témoignent d'une fabrication soignée et consciencieuse. »

FIEUX FILS AINÉ ET C$^{ie}$, *tanneurs*. — L'Exposition a
reçu de MM. Fieux et C$^{ie}$, des cuirs tannés et hongroyés
pour semelles et harnais. La réputation de cette maison
ne date pas d'hier et, sous ce rapport, elle n'a rien à
envier aux plus favorablement connues. N'est-ce pas
dire implicitement que les produits qu'elle fabrique,
non-seulement sont, en leur specialité, les premiers
sur le marché de Toulouse, mais encore peuvent lutter
d'égal à égal avec tout ce qui se fait de mieux dans les
centres les plus en renom ?

FINES. — Le lot de balances-pendules et d'instruments
de pesage pour lequel M. Fines a concouru a honorablement figuré parmi les produits vantés pour leur fabrication soignée.

FIQUET JEUNE. — Nous avons eu de M. Fiquet jeune,
allée Saint-Michel, 35, une chaise à dossier indépen-
dant. C'est un travail ingénieusement conçu et parfaitement exécuté.

FOREST. — M. Forest est fabricant d'appareils de
chauffage, qui se font remarquer par leur commodité
d'installation et le fini du travail.

FORT JEUNE. — La filature, le moulinage et la teinture
constituent l'industrie de M. Fort jeune. C'est là une
importante industrie, et la vitrine de M. Fort est une
preuve, par les échantillons dont elle se compose, qu'il

ne néglige rien pour se tenir à la hauteur des progrès de notre temps, en ce qui concerne sa spécialité.

Fouque. — La maison Fouque a exhibé un magnifique lot. Il y a là des tapis de manufactures renommées que cette maison représente ; plus loin, ce sont des porcelaines et des cristaux, quelques-uns aussi comme représentés par elle, et le reste comme étant produits dans ses ateliers. J'aurais trop à faire, si je voulais analyser les détails ; mon attention s'est attachée surtout à un grand plat blanc, sur lequel un hasard heureux m'avait fait découvrir un dessin, tracé en enlevant l'émail, et qu'il est difficile de remarquer, a moins d'avoir été prévenu, parce que, le plat étant encore sans ornements de dorure, ce dessin, quoique de couleur plus mate que l'émail, a échappé à l'œil dans la vue de l'ensemble. Ce dessin, très net, provient d'un procédé de gravure sur porcelaine qui me paraît amener des résultats parfaits, tandis que les autres systèmes de gravure de cette sorte laissent beaucoup à désirer sous ce rapport. Il y a là, si je ne me trompe, une amélioration sérieuse qui est appelée à faire le plus grand honneur à la maison Fouque, déjà remarquable à tant de titres, et dont le superbe local qu'elle occupe, rue de la Pomme, est si bien aménagé pour les besoins de la production et d'une vente des plus considérables.

Fournet. — M. Fournet me paraît être avide de tous les perfectionnements qui ont trait à sa fabrication ; ce désir d'aller toujours du bien au mieux est écrit dans la beauté de travail qui caractérise, entre tous, son lot d'ameublement, de literie et de fauteuils mécaniques.

FOURNIÉ FILS. — Dans la spécialité des fabricants et des négociants de fournitures de bureau, M. Fournié fils occupe, à Toulouse, l'une des places d'honneur. Il a exposé des registres qui se recommandent en raison du soin avec lequel ils ont été confectionnés.

FOURNIER ET JAMMES. — MM. Fournier et Jammes ont exposé des lanternes à gaz, dans la fabrication desquelles l'œil du connaisseur le plus minutieux ne trouverait rien à reprendre.

FRANCAZAL. — C'est pour des guides de voiture et des cordages qu'a concouru M. Francazal, dont les produits me semblent soignés et consciencieusement faits.

FROMENT. — M. Louis Froment, rue Pargaminières, 74, a mis à l'Exposition un tableau d'histoire universelle, un manuscrit colorié et le monde, histoire vue à vol d'oiseau. Ce sont des œuvres de patience, pour lesquelles il faut être spécialement organisé.

FRUGIER. — M. Frugier fabrique des caisses de voiture; il en a, comme spécimen, exposé deux qui sont en blanc; elles témoignent de son habileté pour la conception du plan et pour l'agencement des pièces.

FUGA. — La maison Fuga, pour les chaussures, celle qui est dans la rue Saint-Rome du même côté que la librairie de Mme Arnauné, jouit d'une grande faveur sur notre marché, surtout pour les chaussures élégantes; sa vitrine est à la hauteur de cette renommée.

FUMET. — M. Louis Fumet, horloger, rue Gamion, 4 bis, a exposé des montres et des mouvements; ces derniers portent le nom de Louis Secall, son élève de troisième année. Je ne demande pas si l'œil, mais bien la main du maître n'est pas intervenue dans la fabrication de ces mouvements ?... Au reste, M. Fumet, quoi qu'il en soit de ma question, n'en est pas moins un horloger de mérite.

FURIET. — On ne saurait trop remercier M. Furiet, allée Saint-Etienne, 44, des soins qu'il a pris afin de donner, aux visiteurs de l'Exposition, une idée exacte des mines de Rancié, dans l'Ariége. Les échantillons des minerais de fer et des roches qui les accompagnent, offrent un grand intérêt, et le plan des travaux intérieurs nous initie, en quelque sorte, aux péripéties de l'existence à part des courageux ouvriers qui vont dérober aux entrailles de la terre les richesses qu'elles recèlent.

GANOT — M. Ganot est un habile doreur sur étoffes ; toutefois, je désirerais que ses travaux parussent un peu moins massifs

GARRIGUES. — Les articles de reliure de M. Garrigues, rue Boulbonne, 17, sont traités avec soin.

GARRIGUES (VICTOR). — M. Victor Garrigues, rue des Arts, 28, a exposé des nattes pour appartements, des articles de gymnase et des jardinières. Son lot est remarquable à tous égards,

GARRIGUES. — M. Garrigues, rue Romiguières, 24, fabrique des tabourets pour pianos, et il les fabrique on ne peut mieux.

GAUBERT. — M. Gaubert, carrossier, rue de l'Etoile, a envoyé une voiture dite *Vis-à-vis*, et un cabriolet que l'on est convenu de nommer un *Duc*. Ces deux articles sont élégants et bien conditionnés de toutes pièces.

GÉLABERT JEUNE. — M. Gélabert jeune a une indus-

trie peu répandue. Il est fabricant de coffres à médicaments. Ces coffres, pour plus de commodité, doivent
occuper peu d'espace, et cependant ils doivent être installés de telle sorte qu'on puisse y renfermer les remèdes et les objets de pharmacie les plus indispensables,
ceux qui suffisent, en des circonstances données, à sup-
pléer tous les autres. Or, les pharmacies de voyage, de
M. Gélabert, remplissent parfaitement ce but.

GÉLIS. — M. Louis Gélis, affineur, rue de la Charité, 3,
a exposé des bascules à romaines et à poids, qui ont
toutes les qualités voulues pour la commodité et la précision.

Mᵐᵉ GENTILLE. — Des corsets et des crinolines, tels
sont les objets pour lesquels a concouru Mᵐᵉ Gentille,
rue Saint-Etienne, 15. Tout est d'un travail irréprochable. Les crinolines ont une tombée naturelle sans le secours du pied tournure, ce qui est un système personnel
à cette exposante. J'ai surtout remarqué la crinoline avec
boutons en nacre, qui offre la particularité de pouvoir,
sans être quittée, s'ouvrir de haut en bas, si la chose est
nécessaire.

GEORGE JEUNE. — M. George jeune, dentiste, rue Saint-
Remési, 42, a soumis à l'appréciation du Jury un dentier en marbre de Saint-Béat. C'est une pièce curieuse
à examiner et qui est fort bien réussie.

GESLOT. — Les machines de M. Geslot, fondeur-mé-
canicien, sont bien construites pour l'ensemble, et chaque pièce, prise à part, à été parfaitement exécutée.

GISCARO. — Les passementeries de M. Giscaro, rue

des Arts, sont soignés et conscieusement fabriquées ; il y a là des éléments sérieux de succès.

GLEYSES. — M. Paul Gleyses a exposé un beau lot. L'atelier de dorure de la rue Lapeyrouse, 11, est un des plus importants de Toulouse en sa spécialité, et il n'a pas ici démenti sa réputation. Il y a un mérite incontestable dans le cadre et la console, style empire, sculptés sur bois, qui ont été présentés par M. Paul Gleyses.

GOUA. — Les cheveux exposés par M. Goua temoignent de son habileté dans la confection des postiches, qui constituent, depuis quelques temps, grâce à un caprice de mode féminine, une branche d'industrie des plus prospères. Au reste, le savoir-faire de M. Goua est un fait reçu dans le monde élégant.

GOUDARD, *serrurier-mécanicien*. — M. Honoré Goudard, rue Mirepoix, 3, a exhibé un lot remarquable sous tous les rapports ; je dois citer surtout une croix funéraire à portrait et une tuyère à jet direct perpendiculaire.

GOURDON, — M. Gourdon, serrurier-mécanicien, rue Gamion, 1, a envoyé trois articles qui font le plus grand honneur à son habileté : une persienne-jalousie mouvante en fer, des contrevents pleins en fer et une bascule à romaine.

GRACIEN ET PAULINIER. — MM. Gracien et Paulinier, facteurs de pianos, ont tenu un rang honorable parmi les exposants d'instruments de musique, leur harmonium est digne d'éloges.

GRANDJEAN. — M. Grandjean, rue Fermat, 11, a été distingué surtout pour son procédé de teindre les châles.

grâce auquel il change la couleur du fond sans altérer aucune des couleurs primitives étrangères à celle-là.

GRANIER FRÈRES. --- MM. Granié frères, tapissiers, ont réuni les suffrages d'un grand nombre de visiteurs pour leurs ouvrages de tapisserie et d'ébénisterie.

GRENIER. --- M. Grenier, rue Montaudran, 17, est un mécanicien habile et actif. Les pompes qu'il a exposées lui font grand honneur.

GRISET. --- Les cartonnages que M. Griset a soumis à l'appréciation du Jury, ont les qualités essentielles que l'on peut exiger de cette sorte de produits.

GROS. --- M. Gros a présenté des balais de millet, comme spécimen de la fabrication qu'il en fait et à laquelle il donne tous ses soins; ces spécimens en sont la preuve.

GUILHEM. --- La noria et le hache-paille de M. Guilhem, mécanicien, se distinguent par leur simplicité et leur fonctionnement facile.

GUILLAMON. --- Trois objets, tous les trois d'un grand mérite, ont été exposés par M. Guillamon, place des Carmes, 24 : une console style Louis XV, une glace en bois sculpté style Louis XV, et un marbre blanc d'Italie. C'est à juste titre que ce lot a été admiré des visiteurs.

GUILLAMOT. --- L'autel en pierre, que M. Guillamot a mis à l'Exposition, est un morceau qui mérite les éloges les plus complets; c'est plus qu'un produit industriel, c'est une œuvre d'art.

GUIOCHET. --- M. Jules Guiochet, menuisier, rue de la Vache, 4, a exposé une pendule dont toutes les pièces sont en bois, à l'exception du mouvement. Cette pendule est l'une des curiosités de l'exhibition actuelle.

7

GUIRAUD FILS. --- Les tableaux échantillons de faux bois et de faux marbres envoyés par M. Guiraud fils, rue du Musée, 17, trahissent un goût des plus sûrs servi par une main exercée.

HÉBRAIL, DURAND ET C<sup>ie</sup>. --- L'Exposition a reçu de MM. Hébrail, Durand et C<sup>ie</sup>, imprimeurs, rue des Balances, des échantillons de leurs travaux divers : album typographique, gravures, impressions. Leur maison est, en sa spécialité, l'une des plus avantageusement connue de la ville, et mérite assurément la considération dont elle jouit.

HEYBRARD, DELAPART et C<sup>ie</sup>. — Nous avons eu des toiles peintes de MM. Heybrard, Delapart et C<sup>ie</sup>, quai de Tounis ; ces produits disent à première vue qu'ils sont sortis d'une maison importante.

HISPA ET BOQUET. — Les moteurs hydrauliques de MM. Hispa et Boquet ont réuni les suffrages des connaisseurs.

HUBERT FRÈRES. — MM. Hubert frères, miroitiers, rue du Poids-de-l'Huile, 2, n'ont pas seulement exhibé de belles glaces, mais encore une œuvre remarquable comme cadre : je veux parler de leur ovale pour tableau, dont les canelures ont été faites à la main.

JULES HUC. — Deux vitrines ont été occupées par M. Jules Huc : l'une était consacrée aux dentelles et aux soieries des fabricants qu'il représente ; la seconde l'était aux confections pour dames et à divers articles plus spécialement sortis des ateliers de la maison de la rue des Marchands, 32. M. Jules Huc est un homme chez lequel l'activité industrielle et commerciale est passée à l'état de démon familier; il ne fallait pas moins que cette activité pour accepter de continuer la maison Busquet, et pour réussir à lui conserver le prestige dont elle jouissait depuis déjà longtemps. Les hommes capables d'une telle initiative individuelle sont rares et dignes, au premier chef, de la considération publique. L'approbation flatteuse d'une clientèle nombreuse et choisie est une preuve que M. Jules Huc a été apprécié à sa valeur; mais, qu'il ne l'oublie pas, il y a des réputations qui ont des exigences à part, et nous sommes désormais en droit de le chercher toujours marchant parmi les premiers dans la voie du progrès de l'art industriel.

JACOBSKI. — Des instruments pour opérations et orifications et des dentiers artificiels composent la vitrine de M. Jacobski, dentiste, place Louis-Napoléon, 10. Comme dentiste, cet exposant est fort connu à Toulouse. Au reste, au dire des connaisseurs, sa vitrine est digne d'être vue.

JACQUES. — M. Jacques, rue de la Colombette, 15, a exposé des mèches sulfurées que je n'ai pas su découvrir aux Jacobins.

JASSES. — M. Jean Jasses, rue des Polinaires, 20, a exhibé du charbon de bois de chêne, qui est d'excellente qualité.

Mᵐᵉ LABATUT. — Mᵐᵉ Lucien Labatut, rue Saint-Rome, 7, a concouru avec ses chapeaux et ses coiffures pour dame, qui révèlent beaucoup de goût.

LABIT-EMAR. — L'Exposition a reçu de M. Labit-Emar une poudre sulférinique insecticide et des engrais.

J'ai entendu des personnes fort compétentes parler avantageusement de ces produits.

LABOUCHE, *graveur-lithographe*. Un critique, qui fait autorité en cette matière, s'est ainsi exprimé sur le compte de cet exposant : « M. Labouche a exposé un cadre de lithographie et plusieurs registres de sa fabrication. Tout le monde connaît cette maison placée sous les arcades, qui fait un grand commerce de papeterie et articles de bureau. Il excelle dans la carte de visite qui est une spécialité chez lui. Toutes les nouveautés sont réunies dans ses magnifiques vitrines du Capitole; son étalage devient le point de repère des étrangers qui s'y donnent rendez-vous : — c'est le Palais-Royal toulousain ! »

LACOMBE. — Les cadrans solaires de M. Lacombe, rue de l'Inquisition, ont été remarqués avec faveur par les visiteurs de l'Exposition; ils dénotent une grande expérience de cette fabrication.

LACROIX. — Le lot de M. Lacroix était des mieux composés : la poterie d'étain, les serpentins, les moules à fromage glacé de cet exposant ont le fini d'un bon travail et sont très corrects pour la forme.

LADOUX, *dentiste*. — Un tableau dentier et des instruments pour l'extraction des dents et des racines composent le lot de M. Ladoux, rue de la Pomme, 58. Des hommes compétents m'ont assuré, qu'en sa spécialité, c'est le lot le plus méritant.

LAFAGE, *tabletier*. — Le dôme en ivoire et ébène de M. Lafage, tabletier, est une œuvre d'art véritable et fait le plus grand honneur à l'habileté et au goût de cet exposant.

LAFFONT et C<sup>ie</sup>. — Les trois lots de chapeaux de paille qui figuraient aux Jacobins ont eu chacun leurs partisans. MM. Laffont et C<sup>ie</sup> ont, si je suis bien informé, obtenu le plus de suffrages parmi les visiteurs.

LAFFONT. — L'engrais de M. Laffont est combiné dans d'excellentes proportions ; il justifie la confiance de ceux qui l'emploient.

LAFFONT, *carrossier*. — M. Pierre Laffont, rue Riquet, 24, a soumis à l'appréciation du Jury une voiture victoria ; en général, les visiteurs compétents l'ont jugée favorablement.

LAGRANGE. — M. Jean Lagrange est fabricaut de cartons pour la chapellerie, rue des Tourneurs, 42; les produits qu'il a exposés sont soignés et consciencieusement fabriqués.

LAJUS. — L'homme le plus amoureux d'une chaussure élégante peut en confier sans crainte la confection à M. Lajus, bottier, rue des Paradoux, 21 ; si le lot de cet exposant n'est pas mensonger, le client le plus difficile sera servi à sa plus grande satisfaction.

LALAINE PÈRE ET FILS. — Les clôtures pour jardins, exposées par M. Lalaine père et fils, sont irréprochables à tous égards, et je les crois appelées à rendre d'utiles services.

LAMBERT. — M. Lambert, place Louis-Napoléon, 5, a exhibé une collection spéciale des mollusques fluviatiles et terrestres de la commune de Toulouse; c'est une œuvre patiente et conduite à bonne fin, qui fait le plus grand honneur à son auteur .

LAPÈNE. — L'une des premières maisons, à Toulouse,

pour la fabrication des feutres, est la manufacture de
M. Dominique Lapène, rue Baronie, avec succursale à Rabastens (Tarn), manufacture où se font également les
teintures de poils. Nous sommes dans une époque,
M. Dominique Lapène a eu le mérite de le comprendre,
où il faut produire beaucoup et à bon marché, tout en
produisant des articles qui soient toujours au goût du
moment. Ainsi, pas un perfectionnement ne s'est fait
dans l'industrie des chapeaux, que cet exposant ne l'ait
introduit dans sa manufacture.

LAPERSONNE ET THOMAS. — MM. Lapersonne et Thomas représentaient, à l'Exposition, une maison de
Bruxelles, et plusieurs de Lyon, toutes d'un grand
renom. En outre, ils avaient, pour leurs produits, organisé, dans la grande salle, une vitrine spéciale parmi
celles du second carré. Il y a là des dentelles, surtout
des dentelles noires, de la plus grande beauté, et des
guipures artistiques de Cluny dont je ne saurais trop
vanter la richesse et l'élegance. Certes, les éloges que je
donne à ces produits ne paraîtront suspects à qui que
ce soit : c'est riche au possible, c'est somptueux à faire
tomber des lèvres de M. Dupin, s'il était là, une nouvelle Philippique contre le luxe de la femme, qui fait à
notre siècle un impérieux besoin de toutes ces merveilles de la toilette...

LAPEYRE. — A Toulouse, la brique est en général
beaucoup plus employée, dans les constructions, que la
pierre de taille. Cependant, cette dernière tend à s'y introduire de plus en plus. Les superbes blocs en pierre
de taille exposés par M. Lapeyre prouvent que, dès

maintenant, on s'y préoccupe d'avoir, comme produits de ce genre, des qualités supérieures à mettre en usage.

LAPORTE. — Le gluten n'a pas été trop mal accueilli du public toulousain, et l'usage, en notre ville, s'en généralise chaque jour davantage. Les pâtes en gluten, de M. Laporte, sont bien faites pour favoriser ce mouvement : elles sont riches comme substance alimentaire et parfaitement maniées.

LAROCHE. — M. Laroche, du ramier du moulin du Château, a présenté au concours un fort antique en liége et en plâtre qui ne peut être que le fruit d'une patience à toute épreuve. Je ne sais pourquoi, mais ces sortes de travaux ne me plaisent guère, n'en voyant pas trop l'utilité pratique. M$^{lle}$ Laroche a exposé deux tableaux de tapisserie ; j'aime beaucoup mieux ceci, d'autant plus que c'est fait avec goût et bien réussi.

LASBAX FRÈRES. — C'est presque un matériel de ferme complet que le lot de MM. Lasbax frères, dont le nom est si populaire en fait de machines agricoles. « Nous y avons remarqué, » dit M. Gourdon, si compétent en pareil cas, « des hache-paille, des ventillateurs, un pressoir, une pompe à purin, une faucheuse et d'autres appareils encore, tous instruments convenablement construits, mais connus. »

LASMARTRES. — Les cuirs et les peaux, de M. Ferdinand Lasmartres, accusent beaucoup de soin et l'emploi de procédés suffisamment perfectionnés ; c'est un bon lot.

LATAPIE. — J'ai eu de tout temps horreur d'une ligne à pêcher ; quoique cela, il m'a paru qu'aucun reproche ne saurait être adressé aux ustensiles pour la pêche à la ligne qui ont été exhibés par M. J. Latapie, rue Peyrolières, 12.

Laurens fils. — Les soies à bluter, de M. Laurens fils, ont été, de la part des visiteurs, l'objet de l'approbation la plus flatteuse; d'ailleurs, c'est à juste titre que leur ont été accordés les suffrages du plus grand nombre.

Lavigne. — J'ai examiné les produits de M. Lavigne, de la rue des Vases, 3, fabricant spécial de travaux d'église, tels que supports de missel et autres du même genre. Les supports de missel m'ont paru exécutés avec goût et avec soin. Or, ce sont des articles délicats et qui demandent plus de patience et d'habileté qu'on ne le pense peut-être généralement.

Legendre. — Les machines de M. Legendre, mécanicien, sont convenablement construites, mais n'offrent rien de bien particulier comme perfectionnement, à mon avis du moins.

Léger. — M. Léger, allée des Soupirs, 16, a exposé un fauteuil en bois sculpté; ce meuble est d'un travail exquis.

Lézerac. — Nous avons eu de M. Lézerac, rue Réclusane, 64, des échantillons de lisses et de peignes à tisser consciencieusement construits.

Isidore Linas. — M. Isidore Linas est fabricant d'ouates et de cotons cardés, rue d'Antipoul, au quartier du Polygone; la vente de ses produits a lieu rue des Filatiers, 50. La vitrine de cet exposant n'est pas de celles qui attirent le regard des visiteurs frivoles; mais elle a certainement fixé l'attention des connaisseurs, et, de ces derniers, il n'est pas un seul qui n'en est gardé la meilleure impression.

LORMIÈRE ET Cⁱᵉ. — Les ardoises sont de plus en plus recherchées pour la couverture des édifices, parce qu'elles ne s'imbibent pas. Celles qu'ont exposées MM. Lormière et Cⁱᵉ sont dures, pesantes, sonores.

LOUISON. — J'ai eu la bonne fortune de me rencontrer aux Jacobins un jour où se faisait le carrillon de plusieur cloches accordées, qui est sorti de la fonderie de M. Louison, allées Louis-Napoléon, 23. A mon avis, ce carrillon a été un des plus beaux lots de l'Exposition.

LUGUET FILS. — M. Luguet fils, rue Peyrolières, 10, a exposé des soufflets de divers genres; la fabrication en est soignée et consciencieuse.

MAGENTIES ET FILS. — Cette maison est avantageusement connue sur le marché de Toulouse ; elle doit cette faveur à la supériorité de ses produits : ce que je dis est amplement pouvé par son lot à l'Exposition, lot composé de phospho-guano, de poudre antioïdique et d'encres.

MAGNAC. — Les harnais que M. Magnac a soumis à l'appréciation du Jury sont convenablement fabriqués, et ne peuvent être l'ouvrage que d'une main exercée.

MAILHOL. — Le carton de collage est formé de plusieurs feuilles de papier collées l'une sur l'autre; c'est pour la fabrication de ce produit que M. Mailhol, rue des Amidonniers, a concouru, et j'ose dire que son lot s'est fait remarquer à plus d'un titre.

MALET CADET. — L'industrie des maroquins mérite

d'être encouragée, ne serait-ce qu'en raison des nombreux usages auxquels on emploie ces produits. Au reste, M. Malet, rue des Novars, 7, me semble connaître les secrets essentiels de cette fabrication.

MANUEL ET Cie. — La maison Manuel et Cie, rue de la Pomme, 66, fait la partie de la lingerie pour hommes et pour dames, principalement la lingerie fine. En ce qui concerne plus particulièrement mon sexe, j'ai remarqué la chemise-foulard, qui me semble présenter une heureuse innovation, en ce qu'elle permet de laisser au cou autant de liberté que bon vous semble. Je n'ai pas à m'appesantir sur la valeur industrielle de cettte maison, qui tient une des premières places sur le marché de Toulouse.

MARCON. — M. Marcon, rue des Filatiers, 36, a exposé une vitrine de pâtes alimentaires. Cet exposant se préoccupe activement de l'industrie qu'il exerce, et l'on comprend qu'il a la volonté de tenir ses procédés au niveau des progrès de notre temps.

MARGOTIN. — M. Margotin est fabricant de brosserie, rue du Taur, 4. La solidité et la finesse du crin, l'élégance de la pâte, tout ce qui peut mettre en faveur une brosse, l'exposant le recherche avec assiduité pour ses produits; aussi jouissent-ils, sur notre marché et dans un rayon étendu, de la préférence marquée d'un grand nombre de consommateurs.

MARGUERETTAZ. — M. Marguerettaz, rue des Balances, 39, a exposé plusieurs échantillons de couleurs pour usages divers; couleurs qui sont les produits de sa fabrication. Les procédés par lesquels on obtient de bonnes couleurs sont multiples et d'une application délicate ; or, si j'en juge d'après son lot, M. Marguerettaz doit les connaître parfaitement et les bien pratiquer.

Maris. — M. Maris est photographe, rue des Paradoux, 45. Les quinze photographies qu'il a exposées prouvent qu'il a la volonté de ne rien négliger pour rendre irréprochable tout ce qu'il produit.

Marrast. — Dans la spécialité des photographies, la maison dite la *Photographie Toulousaine* est l'une des plus en vogue de Toulouse. M. Marrast, allées Louis-Napoléon, 10, y dirige et y surveille tout avec une constance louable. Aussi, cette maison ne produit-elle, en général, que du bon travail, et voit-elle sa légitime réputation s'accroître de jour en jour.

Martin. — M. Martin, facteur de pianos, rue de la Pomme, 70, a une réputation si grande, en sa spécialité industrielle, que tout éloge serait superflu. Il a exposé des pianos à cordes de divers formats et tous, comme sonorité musicale ou comme élégance extérieure, ont une supériorité incontestable. Je dois aussi une mention spéciale à son nouveau système de pupitres perfectionnés.

Martin, *peintre-photographe.* — Voici les lignes qui m'étaient inspirées naguère par la vue des peintures sur porcelaine exhibées par M. Martin, rue de la Pomme, 63. « Je dois rendre justice au talent exceptionnel de M. Charles Martin, photographe, comme peintre sur porcelaine. Il y a là, surtout, un tableau de cet artiste, une très belle imitation de Raphaël, qui protesterait contre mon silence ; c'est un travail d'une rare finesse, une

vraie perle artistique, et je félicite sincèrement de sa
bonne fortune l'heureux acquéreur de ce tableau, dont
les moindres détails ont été traités avec amour par la
main habile de M. Martin. » J'ajoute aujourd'hui que
M. Charles Martin a un frère qui partage ses travaux,
en sorte que, dans cet atelier, trois choses sont menées
de front : la photographie, la peinture sur porcelaine et
le pastel. J'ai peu à dire quant à la photographie, si ce
n'est que tout est mis en œuvre pour qu'elle y donne
les résultats les plus irréprochables. Le pastel, de son
côté, qu'il s'agisse de miniatures ou de portraits de
grandeur naturelle, est fait avec toute l'application qu'un
artiste de goût peut accorder à une œuvre favorite dont
il caresse chaque ligne et chaque contour. D'autres fois,
à titre de passe-temps, en quelque manière, les deux
frères font de la photographie sur porcelaine. Enfin, la
peinture sur porcelaine revendique son tour, et de là, les
beaux tableaux que vous savez, dans le genre de ceux
que M. Charles Martin a mis à l'Exposition, et dont j'ai
déjà parlé. Sur porcelaine ou sur ivoire, cet exposant
reproduit, par la peinture, des sujets quelconques, par
exemple, des portraits aussi nets et aussi ressemblants
que s'ils étaient mis sur toile. Le principal travail de
peinture se fait pour les broches et pour les petits médaillons.

MAS. — C'est, à tous les points de vue, un article
irréprochable que la voiture toute en fer de M. Mas,
forgeron, faubourg Matabiau, 32.

MAURETTE. — Un dressoir de salle à manger, une
table, une autre table pour desserte, des chaises, des

siéges de fantaisie, tels sont à peu près les objets exposés par M. Maurette, rue Mage, 12, objets tous d'une
beauté rare.

MAYBON ET BATISTE. — MM. Maybon et Batiste ont exposé de la menuiserie. Tous les visiteurs de l'Exposition
ont admiré leurs produits, remarquables à tous égards;
ils décoraient les murs du grand escalier des Jacobins.
Cette maison jouit, sur notre marché, d'une grande
faveur, qu'elle s'attache à justifier davantage de jour en
jour.

MAYSSONNIÉ, *mécanicien*. — M. Mayssonnié a soumis,
à l'appréciation du Jury, des pompes bien conçues et
convenablement construites; elles donnent une excellente idée de l'habileté de cet exposant.

MAYSSONNIÉ. — Les amidons de M. Mayssonnié sont
irréprochables pour leur qualité et pour leur bonne
fabrication.

F. MAZIÈRES. — Nous avons eu de M. Mazières distillateur, rue du Musée, 11, des liqueurs qui me paraissent
faites avec soin et avec une connaissance sûre des meilleurs procédés et du dosage des matières premières employées.

MERCADIÉ. — M. Mercadié a envoyé aux Jacobins un
sommier élastique soigneusement construit d'après un
système qui offre, plus que d'autres, des garanties de
durée.

MERCIER PÈRE ET FILS. — MM. Mercier père et fils,
distillateurs, rue Lapeyrouse, 6, ont exposé du vermouth et du bitter. Le débit de cette dernière liqueur

est, depuis quelque temps, devenu très grand; celui des exposants m'a paru de bonne qualité.

MERCIER FILS. — Les voitures de M. Mercier fils, allée Saint-Étienne, 11, sont d'un beau travail et remarquables pour leur élégance.

MIQUEL, LAVOYE ET Cie. — MM. Miquel, Lavoye et Cie, rue d'Astorg, 6, ont soumis à l'appréciation du Jury leurs différents engrais artificiels; ils sont, à mon avis, supérieurs de beaucoup à tous ceux qui leurs sont opposés dans le commerce. « L'engrais humain est le seul normal : » tel est le grand principe qui a, dans leur entreprise, inspiré les industriels dont nous parlons, et les a conduits à chercher, dans l'utilisation des matières fécales et des urines de l'homme, la solution du problème le plus important en agriculture, celui de l'amélioration des fumiers de ferme. Et de fait, maintenant que MM. Miquel, Lavoye et Cie ont réalisé leur guano humain, que vient-on nous parler de guanos du Pérou ? Ne voit-on pas combien peu de temps encore on pourra demander ces engrais à cette terre lointaine ? Sa cherté ne le rend-il pas inaccessible à la majeure partie des agriculteurs, ceux qui constituent la moyenne et la petite propriété ? Pourquoi s'obstiner à ne vouloir pas reconnaître que les engrais humains sont aussi riches et aussi fécondants que le guano des îles, et, dès cela reconnu, comment ne pas leur donner une préférence largement motivée par les avantages inappréciables qu'ils nous offrent; en raison de la proximité, de la modicité des prix d'achat et de leur caractère d'être inépuisables ?

MM. Miquel, Lavoye et Cie, pour la fabrication de

l'engrais humain, sont devenus cessionnaires du système dont MM. Blanchard et Chateau sont les inventeurs. Ce système, par la substitution de tonnelets aux fosses profondes, obvie à l'inconvénient des longues dilections ; la matière fraîche qui est recueillie ne perd rien de sa richesse, et les procédés employés fixent leurs principes fécondants, en leur ajoutant un élémént précieux, les phosphates. Dans cette importante maison, les matières premières indispensables à la fabrication sont l'objet d'un choix sévère, leur emploi est surveillé par un chimiste distingué, la marchandise ainsi obtenue est rigoureusement analysée, ce qui permet d'en garantir la bonté à l'acheteur et de ne faire que des ventes loyales. Ces observations ont une grande valeur à une époque telle que celle-ci, où le charlatanisme n'a trouvé que trop souvent l'occasion d'introduire la fraude dans l'industrie des engrais artificiels.

MÉRICANT. — M. Méricant a soumis, à l'appréciation du Jury, de la tabletterie. Si j'étais tabletier, je serais certainement fier des œuvres tournées, sculptées, guillochées, que j'ai vues, de MM. Méricant père et fils, rue des Arts, 26. Je crois même que je serais fier, alors même que je ne ferais pas aussi bien.

MESPLÉ JEUNE. — M. Mesplé, rue des Couteliers, 35, a envoyé des perruques et des postiches que l'on ne peut s'empêcher de louer. Cette maison, du reste, s'est fait connaître très avantageusement dans le monde élégant.

J. METCHÉ. — Nous avons eu de M. Metché, lampiste, rue des Récollets, 27, des lampes qui témoignent d'une fabrication consciencieuse et soignée à laquelle sont dûs des éloges.

MIALHE (MARIE). — M<sup>lle</sup> Mialhe, rue du Tabac, 1, a exposé un couvre-pied que son art d'ouvrière en dentelles a fait avec des guipures du xv<sup>e</sup> siècle raccomodées par ses soins. C'est un travail de patience et il y a quelque mérite à l'avoir exécuté.

MIQUEL (JOSEPH). — Les moules à bougies de M. Miquel, prolongement de la rue Colombette (Terre-Cabade), 5, sont soigneusement construits, et ce laborieux ouvrier mérite des encouragements,

MOLAS. — M. Molas, rue Louis-Napoléon, 20, a envoyé des photographies, qui prouvent qu'il ne néglige rien pour justifier la confiance de ses clients.

MONBRUN SŒURS. — Les fleurs fines des sœurs Monbrun, rue de la Pomme, 47, sont fines en effet en goût et en qualité. Elles témoignent d'un grand soin de fabrication, et une grâce exquise est déployée dans leur ensemble.

MONIÉ JEUNE. — M. Monié a soumis à l'appréciation du Jury une noria. Cette machine fonctionne bien et est d'une installation facile.

MONTAMAT (J.) — Nous avons eu de M. Montamat, rue Matabiau, 62, des éperons qui font honneur à son habileté.

MOUTON PEYRODEL. — Les laines que M. Peyrodel a envoyés à l'Exposition sont de premier choix et sont soigneusement et consciencieusement manipulées.

NAUDE (J.-P.) — M. Naude, rue de la Pomme, 62, a mis à l'Exposition, comme spécimen de sa fabrication, des écritoires qui sont irréprochables au point de vue de l'élégance et de la solidité.

Navarre fils. — M. Navarre, rue de la Pomme, 22, a exposé des perruques qui sont le témoignage du talent particulier de leur fabricant. En cette spécialité, je crois qu'il est impossible de mieux faire.

Nègre (L.) — M. Nègre, rue Pargaminières, 92, a envoyé aux Jacobins du papier à cigarette qui donne une bonne idée de ses procédés de fabrication.

Nordoff et C$^{ie}$. — M. Nordoff, rue Saint-Antoine-du-T., 32, a mis à l'Exposition un carburateur de gaz, bien construit, qui réalise une heureuse idée et est appelé à rendre de grands services.

Nouguiés (J.) — Les pâtes alimentaires de M. Nouguiés, rue Saint-Michel, 124, prouvent que cet exposant est désireux d'arriver à de bons résultats.

Olin (Xavier). — Nous avons eu, de M. Olin, des instruments de chirurgie, notamment un trépan perfectionné, qui est la réalisation d'une idée fort ingénieuse.

Panneau (E.) — M. Panneau, écluse Matabiau, 5, a exposé un couvert en ardoise d'Angers, et un aigle en fer blanc qui fait honneur à son habileté.

Pardieu (J. F.) — M. Pardieu, chemin du Busca, a envoyé à l'Exposition un buffet dressoir et une table à coulisse (noyer et ébène), dont je ne saurais trop louer l'élégance et le beau travail.

J. Paris fils. — J'ai déjà favorablement apprécié M$^{me}$ Cassaing, sœur de M. Paris, et fleuriste comme lui. Celui-ci a également reçu les excellentes leçons de madame Paris, sa mère; et l'on peut affirmer qu'elles ont porté les meilleurs résultats; la preuve incontestable en est dans les magnifiques arbustes exhibés par cet exposant.

Passerieu (Bernard.) — M. Passerieu a soumis à l'appréciation du Jury, des châssis à tabatières et des ciels-ouverts dont l'exécution ne laisse rien à désirer.

M^me Paul. — M^me Paul, rue Louis-Napoléon, 7, a exposé des corsets qui ont de l'élégance et de la solidité, autant qu'il est permis d'en demander à des produits de ce genre.

Paul (Dominique.) — M. Paul, petite rue Saint-Rome, 1, a envoyé à l'Exposition des chaussures cousues, d'autres clouées et d'autres à vis. C'est un ouvrier actif et qui fait consciencieusement son travail.

Pélegry frères. — Les articles de bonneterie que MM. Pélegry ont envoyés à l'Exposition constituent un beau lot en sa spécialtté.

Penent (Jean). Nous avons eu de M. Penent des toisons, des laines et des engrais. Les toisons et les laines de cet exposant sont de qualité supérieure et bien soignées.

Périole. — Le foudre de M. Périole est convenablement construit; toutes les pièces en ont été assemblées avec grand soin.

Petit. — M. Petit a envoyé des lieux inodores, exécutés d'après un système qui me paraît devoir donner des résultats satisfaisants.

Peuple et Thil. — MM. Peuple et Thil, faubourg Arnaud-Bernard, 15, fabriquent la brosserie avec une rare perfection ; leurs articles de choix soutiendraient, sans désavantage, soit pour la finesse et la solidité du crin, soit pour l'élégance des formes, le parallèle avec ce que l'Angleterre produit de mieux en ce genre.

PFEIFFER. — M. Pfeiffer, place des Blancs, est un ouvrier de mérite. Sa cassette à secret, ses tableaux, ses ornements, ses paysages et ses dessins en sont une preuve irrécusable.

PIGNÉS AÎNÉ. — La maison Pignés aîné jouit, en sa spécialité, d'une faveur marquée sur le marché de Toulouse ; elle a exhibé des chapelets en tout genre qui justifient cette réputation.

PIGNY FRÈRES. — Les articles de voyage de M. Pigny ont été l'un des lots les plus complets et les plus remarquables de l'Exposition. On était en droit de s'y attendre de la part d'une maison qui tient l'un des premiers rangs, à Toulouse, dans le monde industriel et commercial. J'ai surtout, grâce au prix côté sur chaque article, remarqué leur modicité eu égard à leur beauté de forme et à leur supériorité de fabrication.

PILLOT (L.-F.). — M. Pillot, rue des Filatiers, 44, dirige un important établissement pour la fabrication des fleurs artificielles, industrie à laquelle il a donné une extension, comme quantité de produits, qu'elle ne connaissait pas à Toulouse. La trempe des apprêts m'a paru surtout remarquablement bien faite ; d'ailleurs, rien d'étonnant à cela, M. Pillot ayant spécialement attaché à sa maison un jeune et intelligent parisien qui, depuis l'enfance, a été successivement initié aux secrets de l'art du trempeur, art dans lequel il excelle aujourd'hui.

PISARD (M.). — M. Pisard, rue des Filatiers, 23, est favorablement connu pour ses chapeaux de paille. Son lot est remarquable à tous les points de vue, et je ne m'étonne pas le moins du monde que les produits de cet exposant aient déjà été l'objet de récompenses honorifiques décernées par des Expositions de la Belgique.

PLANCADE. — Nous avons eu, de M. Plancade, rue Arnaud-Bernard, 9, une pompe habilement agencée, convenablement construite et qui sera d'un usage commode.

PLANET (de). — M. de Planet, rue des Amidonniers, 41, a exposé de l'huile de maïs et une machine. L'un et l'autre de ces objets sont, comme tout ce que produit M. de Planet, marqués au cachet de la perfection. L'huile de maïs est des plus pures et fait bien augurer de l'avenir de la distillerie agricole dans nos contrées, jusqués à ce jour, déshéritées sous ce rapport, à quelques exceptions près.

POEY (GABRIEL). — L'eau à détacher de M. Poey, rue du Taur, 29, m'a été vantée, comme étant d'une grande efficacité, par une personne désintéressée dans la question et qui en a fait un emploi souvent réitéré.

POIRIER ET LIEBERKNECT. — L'Exposition a reçu de MM. Poirier et Lieberknect, place Marengo, un bel orgue de chœur, et les mêmes facteurs ont concouru pour le grand orgue de l'église Notre-Dame-de-la-Daurade. Tout éloge serait superflu ; les produits de cette maison ont pu, comme bonté et comme beauté, être appréciés déjà par les connaisseurs, et ils ont toujours réuni les suffrages des gens compétents.

POISAT. — M. Poisat a envoyé aux Jacobins une gravure sur cuivre et bois qui est un morceau bien achevé, dont l'exécution fait le plus grand honneur à son auteur.

PONTIC FRÈRES. — Le soufre trituré de MM. Pontic, rue des Couteliers, 54, jouit, sur le marché de Toulouse, d'une faveur marquée qu'il doit à sa supériorité de fabrication.

PORTERIES. — Les fers exposés par M. Porteries sont remarquables à tous égards; aussi, ont-ils su fixer l'attention des visiteurs sérieux.

POUVILLON (AUGUSTE). — Les produits de M. Pouvillon, écluse Bayard, forment l'un des beaux lots de l'Exposition. Les procédés mis en œuvre par ce fabricant doivent être excellents; les matières premières qu'il emploie sont, à mon avis, de premier choix. J'ai remarqué toute son exhibition, mais notamment ses cierges et ses bougies d'une blancheur et d'une transparence sans égale.

PRADEL. — M. Pradel a mis à l'Exposition une tarière pour la vigne. C'est un instrument commode, dont les vignerons feront infailliblement leur profit.

PRADE (G.). — La lingerie de M. Prade est d'un travail soigné et consciencieux; on ne peut pas toujours dire la même chose des produits de ce genre.

PROVOST. — M. Provost, rue de la Pomme, 64, a exposé des photographies. Cet exposant est plus qu'un photographe ordinaire; c'est un artiste véritable, et tout ce qu'il produit est avidement recherché par les connaisseurs. Donc, si je dis que le lot de M. Provost est irréprochable, je ne surprendrai personne.

Pujos (F.). — M. Pujos, allée Saint-Michel, 15, a envoyé à l'Exposition du vernis liquide français et anglais. On doit remercier cet exposant d'avoir fourni aux visiteurs l'occasion d'apprécier, en ce genre, des produits de première qualité.

Rabolte et C<sup>ie</sup>. — Nous avons eu, de MM. Rabolte et C<sup>ie</sup>, une machine à régler le papier et des articles de papetterie qui prouvent que ces exposants sont des gens d'initiative.

Ramond. — Les fourneaux de M. Ramond sont convenablement construits et offrent l'avantage d'une grande commodité d'installation.

Raymond. — M. Raymond, rue Vinaigre, 2, a exposé un billard qui donne une excellente idée de son goût et de son habileté ; je voudrais que ce meuble parût plus dégagé dans son ensemble.

Regraffe. — La jalousie que M. Regraffe a soumis à l'appréciation du Jury encourrait peut-être le reproche de quelques légères imperfections de détails de la part d'un examinateur méticuleux ; elle a, néanmoins, de bonnes qualités.

Razous. — M. Razous, rue de l'Ecole-Vétérinaire, 4, a exposé un cadenat et un cache-entrée, tous les deux à secret. L'idée est ingénieuse et l'exécution ne laisse rien à désirer.

M<sup>lle</sup> Recurt (M). — Un corset en satin blanc a été envoyé à l'Exposition par M<sup>lle</sup> Recurt, rue Vinaigre, 10,

qui s'est donnée la spécialité méritoire de faire des corsets destinés aux personnes des deux sexes dont le buste
est contrefait. Cette habile ouvrière est digne des meilleurs encouragements.

RAYNAUD. — Je laisse, sur cet exposant, parler
M. Pagés, auquel je me suis plu à avoir recours toutes
les fois qu'il s'est agi d'un lithographe. « M. Raynaud,
dit-il, qui possède un établissement de premier ordre,
a été medaillé d'or plusieurs fois. Dans son atelier, on y
trouve les meilleurs artistes et les meilleurs écrivains de
province. Aussi, à côté des travaux artistiques les plus
soignés et les mieux compris, y trouve-t-on les travaux
de commerce qui répondent aux exigences les plus difficiles. Pas une épreuve défectueuse, pas une planche
mal réussie. Joignez à cela la loyauté la plus parfaite, et
vous connaîtrez M. Raynaud.

» Il a exposé un cadre de travaux artistiques de divers
genres, soit à la plume, soit en chromo. Là, pas de
ces couleurs bruyantes sur des fonds durs, tout est bien
compris, il y règne une poésie charmante qui devrait
servir de modèle à tous ceux qui se disent les rois de la
couleur et qui n'arrivent à faire que du badigeonnage.

» Si nous voulions entrer dans son atelier, et rendre
compte de toutes les belles choses qui s'y font, il faudrait des volumes, nous n'en disons pas davantage,
ayant l'honneur de connaître M. Raynaud, on nous
accuserait de flatterie. Cette accusation est impossible,
l'Exposition est là pour nous donner raison.

» Cet établissement a obtenu, en 1840, une médaille de
bronze; en 1845, une médaille d'argent; en 1850, une

médaille d'or ; et, enfin, à la dernière Exposition de 1858, un rappel de médaille d'or. »

RENODIER. — La coutellerie de M. Renodier comprend un grand nombre des variétés que fabrique cette industrie ; du reste, tout y dénote le plus grand soin dans le travail et beaucoup de goût dans l'invention des formes.

REYNIS (EUGÈNE). — M. Reynis, place Saint-Aubin, 40, a exposé de la bière, de la limonade, de l'orge malté et du houblon. C'est un industriel actif et plein d'initiative, soigneux de tout ce qu'il fait, avide de populariser ses produits, du reste de bonne qualité. Avec cette volonté de bien faire, il est rare qu'on n'arrive pas au succès.

RIGAL ET FILS. — MM. Rigal et fils ont concouru pour leur peinture et pour leur vernis. Ce dernier produit se recommande par sa supériorité pour la qualité.

RIPOLL. — Les statues de M. Ripoll ont été, pendant l'Exposition, l'objet, de la part des visiteurs, de la plus flatteuse approbation. Du reste, parmi les statuaires toulousains, cet exposant est l'un des plus avantageusement connu.

A. RIVIÈRE — M. Rivière, rue Saint-Rome, 4, a envoyé à l'Exposition des corsets d'été en rotin ; c'est une excellente invention, qui se vulgarisera par le seul fait de son utilité pratique.

RIVIÈRE — Voici comment M. Rivière a été jugé par l'un de ses confrères, M. Pagès, dont personne ne contestera la compétence en pareille matière, et dont les éloges doivent être d'autant plus impartiaux qu'il était lui-même exposant à titre de lithographe. « M. Rivière,

dit-il, est un habile dessinateur et un habile coloriste.
Il a un tort, c'est de ne pas rester toujours dans les régions éthérées de l'art, il veut aussi faire du commerce.
— Au reste, bons ouvriers, établissement grandiose :
c'est un des ateliers qui produisent le plus.

» Nous avons vu de M. Rivière des portraits charmants
que nos peintres avoueraient bien; mais, comme lithographe, il nous a montré le frontispice d'un album dédié
à S. M. l'Impératrice, qui est plein de goût; on a peine
à comprendre que l'homme puisse arriver à de si beaux
tons et à cette perfection. Rien de gracieux comme ces
feuilles contournées qui vont se perdre dans d'autres
feuilles encore plus charmantes.

» M. Rivière aurait eu du succès, et il aurait dû, avec
le goût que nous lui connaissons, exposer dans la section des beaux-arts; il l'aurait relevée : elle est bien pauvre en dessins de genre ; il aurait eu succès des deux
côtés.

» M. Rivière est encore plus qu'artiste, c'est un homme
du monde; aussi a-t-il gratifié le public d'une idée origi-
nale, en faisant suivre tous ses tableaux autographiques
d'un microscope ; et, réellement, pas mal de gens en
ont eu besoin pour les regarder.

» M. Rivière a aussi obtenu, aux précédentes expositions, plusieurs médailles d'argent. »

ROBERJOT-BADIA. — M. Roberjot-Badia, rue des
Bûchers, 2, a exposé des maroquins pour la chapellerie. Cette branche industrielle mérite d'autant plus
d'être encouragée à Toulouse, que la chapellerie y est
l'une des principales sources de richesse. Au reste, cet

exposant fait tous ses efforts pour perfectionner sa fabrication de plus en plus, et il a déjà obtenu des résultats remarquables.

ROQUELAINE FILS. — Je laisse parler ici une voix plus autorisée que la mienne. « La collection d'arbres fruitiers présentée par M. Roquelaine fils, faubourg Bonnefoy, sans être aussi remarquable que celle de M. Demouilles, n'en est pas moins digne d'attention. Ses sujets en pyramide, en cordon vertical, horizontal ou oblique, ses palmettes simples sont bien traités; ses planches de produits maraîchers offraient quelques spécimens curieux. »

ROQUEMARTINE (A.) — Les chaussures que M. Roquemartine a exposées joignent l'élégance à la solidité; c'est un bon lot en cette spécialité.

ROQUES ET DESPLATS. — La fabrique de lingerie de MM. Roques et Desplats est située rue Croix-Baragnon, 8. Toilerie, broderie, dentelles, trousseaux, layettes, tous les articles qui sortent de cette maison justifient, par leur beauté, la confiance dont elle jouit depuis longtemps déjà.

ROQUES (PIERRE). — M. Roques, Pont-Guilleméry, 3, a soumis à l'appréciation du Jury des affuteurs pour aiguiser les faux. J'emprunte ici le jugement plein de faveur que M. le docteur Gourdon a porté sur cet instrument. « J'ai vu, dit-il, disposés sur une planche, divers modèles d'un affuteur pour aiguiser les faux, exposés par M. Roques, de Toulouse. Cet instrument est une simple tige d'acier prismatique à arêtes vives, que l'on passe sur le tranchant de l'instrument à aiguiser.

Le faucheur, avec cela, n'a plus besoin de pierre, de marteau, ni d'enclume, et n'est point exposé à produire les crevasses qu'occasionne souvent l'affutage au marteau. Le prix de cet affuteur est de 2 fr. et au-dessus.

» Le même exposant montre un *panier* à cueillir les fruits, bien conçu, et du prix modeste de 2 fr. 50. »

Rouget jeune. — Pour trouver les produits de cette maison irréprochables de goût et d'exécution, il m'était inutile d'apprendre qu'ils ont obtenu une médaille de vermeil en 1863, à Nîmes, et une d'argent, en 1864, à l'Exposition franco-espagnole de Bayonne : il m'avait suffi de les examiner attentivement pendant quelques minutes. Je suis demeuré convaincu que, pour la passementerie riche destinée aux voitures, M. Rouget jeune, rue du Canard, 8, n'a pas de rival à craindre.

Mme Roussy. — Mme Roussy, née Saint-Jean, a envoyé des corsets qui, par l'élégance de la forme et la solidité des coutures, justifient le renom dont cette exposante jouit à Toulouse.

Roucolle (Séverin). — Nous avons vu de M. Roucolle, rue Croix-Baragnon, 13, des cartables pour écoliers ; ils sont élégants, commodes et convenablement construits au point de vue de la solidité.

Rouède et Tontz. — Les cierges et les bougies exposés par Rouède et Tontz, avenue de Bayonne, accusent une fabrication faite avec soin et consciencieusement ; cette maison, en sa spécialité industrielle, est l'une des plus importantes de notre ville.

Rouquié. (J.) — M. Rouquié, rue Boulbonne, 23, a envoyé à l'Exposition des chaises et des fauteuils.

C'est un lot qui s'est attiré l'attention bienveillante des visiteurs, et qui fait grand honneur à l'habileté intelligente de ce fabricant.

Roux (Laurent). — L'émottoir que M. Roux, rue des 36-Ponts, a soumis à l'examen du Jury, est ingénieusement conçu et convenablement construit ; il est appelé, je crois, à rendre d'utiles services.

Rouzegas. — Nous avons remarqué la riche collection d'armes que M. Rouzegas, place des Carmes, 4, a envoyé à l'Exposition. La grande péoccupation de cet armurier me semble être de pouvoir toujours fournir au client l'article qu'il demande.

Rouzet (J.-M.). — M. Rouzet, rue Caraman, 1 bis, a exposé des panneaux, des blasons et des initiales, tous articles qui ont rapport à sa profession de peintre en voitures. Ce lot annonce un ouvrier soigneux de tout ce qu'il produit.

Rovinelli. — M. Rovinelli, rue Saint-Etienne, 4, a soumis à l'appréciation du Jury des gâteaux nommés grelets, et qu'il prétend pouvoir se conserver trois ou quatre ans. A cette condition, les grelets seraient appelés à rendre d'utiles services et, dans beaucoup de cas, à être substitués au biscuit de mer.

Ruelle aîné. — M. Ruelle, tuilier, côte de l'Hers, a envoyé aux Jacobins des tuyaux de drainage et des tuiles, convenablement fabriqués ; j'ai surtout remarqué les tuyaux de drainage.

Ruelle (B.-Y.). — Les sonneries et les indicateurs de M. Ruelle, rue Malbec, 14, sont ingénieusement conçus, et me paraissent devoir fonctionner à souhait.

Ruffat et Barrié. — MM. Ruffat et Barrié ont composé leur lot d'oignons brûlés, de balais, de racines bulbeuses et de sels. Ces industriels me paraissent entreprenants, pleins d'initiative et, dans la spécialité qu'ils se sont donnée, cherchant le succès par tous les moyens légitimes qui peuvent les y mener.

Ruffié. — M. Alexandre Ruffié a mis à l'Exposition des produits minéraux, qui sont de curieux spécimens et méritent d'être pris en bonne considération.

Sabaté. — M. Sabaté, vannier, faubourg Bonnefoy, 28 et 32, a concouru pour divers objets qui ressortissent à son industrie, et qui se sont acquis l'approbation la plus flatteuse de la part du public des visiteurs ; tout le monde a admiré les cartons vernis pour la fabrication des étoffes, les paniers mignons et surtout la délicieuse suspension en vannerie, ouvrages de M$^{lle}$ Sabaté, à peine âgée de quinze ans.

Sacareau et Vergé. — MM. Sacareau et Vergé, rue des Balances, 35, se sont, dès leurs débuts, élevés au premier rang parmi les photographes, et leur atelier, superbement installé, est le rendez-vous d'une clientèle d'élite ; donc, rien d'étonnant à ce que leur lot à l'Exposiion ait dans son genre été l'un des plus remarquables.

Sainte-Marie. — M. Sainte-Marie a exposé des liqueurs qui méritent des éloges en raison de la fabrication consciencieuse dont elles sont le résultat.

Sairac. — M. Sairac, de l'École-de-Médecine, a présenté une belle collection de squelettes d'animaux, parmi lesquels plusieurs sont fort remarquables : l'ours fossile des cavernes, le caïman à museau de brochet, le tigre royal, mâle adulte, et, à un titre tout différent, le poulet nourri à la garance.

SALAMON. — M. Salamon a exposé un appareil chirurgical, qui est la réalisation utile d'une ingénieuse idée ; cet exposant est un chercheur patient, amoureux de toutes les innovations qui peuvent apporter quelque soulagement aux souffrances physiques ou les prévenir. C'est qu'il est médecin et qu'il a compris sa mission.

SALIÈRES. — M. Salières a concouru pour des bois de lit qui, pour l'élégance des formes et la réussite du travail, n'ont rien à envier aux plus beaux objets en ce genre.

SALVAT. — La maison Salvat, rue des Filatiers, 54, a la spécialité des dentelles belges ; sa fabrique, à Bruxelles, est établie au nouveau Marché aux Grains, 32. La beauté des dessins des dentelles de la maison Salvat est incontestable ; ses points d'Alençon, de Venise, d'Angleterre rivalisent avec tout ce qui peut être produit de mieux en ce genre. Je dois, en outre, signaler une création de la maison : la dentelle africaine, création qui est destinée à un succès infaillible de mode, parce qu'elle possède toutes les qualités qui doivent faire réussir une dentelle.

M<sup>lle</sup> SALVATORIS. — Les visiteurs de l'Exposition ont dû remarquer un couvre-lit en coton, fait au crochet, par M<sup>lle</sup> Salvatoris, place de Carmes, 39. C'est une œuvre de patience, conduite à bonne fin par une main habile. Ce lot est, en son genre, le plus beau de l'Exposition, du moins à mon avis.

SANCHOLLE ET BISCONS. — MM. Sancholle et Biscons, quai de Tounis, 102, ont exposé diverses variétés de bois de teinture trituré, qui font le plus grand honneur à leur procédé de fabrication. Rien de ce genre, à l'Exposition, ne m'a semblé égaler ce lot, qui est une preuve éclatante de l'importance industrielle de la maison qui l'a produit.

H. SARRAILLE. — Nous avons eu de M. Sarraille, Pont-des-Demoiselles, des flacons, une caisse et un petit bloc, produits chimiques. Tous ces objets sont remarquables, bien tenus et font grand honneur à l'exposant.

SAUVAGE PÈRE ET FILS. — MM. Sauvage, rue Saint-Michel, 1, ont concouru avec un tableau de limes; la trempe de l'acier dont elles ont été fabriquées me semble à l'abri de tout reproche; elles constituent une excellente marchandise.

SAVIT. — Les objets de taillanderie qu'a exposés M. Savit sont dignes d'être remarqués au même titre que les limes de MM. Sauvage; ils sont d'un bonne trempe et seront bons articles de vente.

J. SAYSSAC. — M. Sayssac, rue Antipoul, 21, a envoyé des cuirs vernis. Cette branche industrielle a, depuis quelques années, acquis de grands développements et mérite à tous égards qu'on favorise encore son essor. Du reste, M. Sayssac, est, en cette partie, un fabricant distingué, digne de tous éloges.

SEGONZAC. — Nous avons eu de M. Segonzac, place de la Trinité, 6, des couvertures en cotons croisés. Ce lot est, en sa spécialité, l'un des plus méritants; rien d'étonnant, d'ailleurs, puisqu'il est sorti d'un établissement industriel et fort avantageusement connu.

SÉNÉGAS. — Les meubles de M. Sénégas se recommandent par leur élégance extérieure à la fois, et par les soins qui ont été apportés aux moindres détails de leur fabrication.

SERRES. — M. Serres a soumis à l'appréciation du Jury une horloge et des outils en fer. Qu'il me soit permis de citer ici M. Gourdon. « Signalons, dit-il, un modèle en petit d'une charrue d'un nouveau genre, construit par M. J. Serres, propriétaire de l'horloge perpétuelle. Toutes les pièces de cette charrue sont jointes à clavette, et sans aucun écrou, ce qui permet de démonter l'instrument sans peine, de changer à volonté les pièces les plus exposées à s'user, et cela sans compromettre la solidité de la machine. Cette disposition, fort ingénieuse réalise un autre avantage, celui d'abaisser le prix de la charrue à un chiffre ne dépassant pas 20 ou 25 fr. — S'il en est réellement ainsi, il est fort à regretter que M. Serres n'ait pas exposé, au lieu d'un simple modèle, une machine construite dans les proportions ordinaires; ce n'eût pas été assurément l'objet le moins intéressant de cette branche, si pauvre d'ailleurs, de l'Exposition. »

SÉRY. — M. Séry a concouru pour un bloc de houille d'une grande richesse et qui a été remarqué par tous les amateurs de produits minéraux.

SIMON JEUNE. — M. Simon jeune, place Louis-Napoléon, 5, et à Paris, rue de Cléry, 34, a également présenté un lot de chasubles qui témoignent d'un grand soin d'exécution.

Sibra. — M. Sibra a soumis à l'appréciation du Jury des fourneaux de cuisine, des cheminées et des calorifères. Dans cette spécialité industrielle, l'exposant jouit d'une haute faveur à Toulouse, et le cercle de ses affaires, déjà grand, s'agrandit de jour en jour, grâce à son intelligente initiative et à cause surtout de la supériorité de ses produits.

Sibut. — A la fabrication des feutres, la maison Sibut, rue Gamion, 1, ajoute la spécialité des chapeaux noirs. Sous ce dernier rapport, elle a une importance qu'on ne saurait lui contester.

Sicard. — M. Sicard, rue de la Pomme, 5, a exposé des chaises et des fauteuils d'un beau travail et d'une rare élégance de formes; c'est un des bons lots de l'Exposition de meubles.

Silvestre. — La quincaillerie de M. Silvestre a ce cachet de perfection qui distingue, entre tous, les produits des bonnes maisons; aussi a-t-elle réuni les suffrages de tous les connaisseurs.

Salles. — M. Salles, rue de la Pomme, 35, a exposé du vernis au pinceau et du vernis pour faux gaz liquide à mèches et jet. Ce sont des produits de bonne qualité.

Simonin. — Les instruments à corde de M. Ch. Simonin, luthier, occupaient une vitrine, dans la grande salle, au mur au pied duquel étaient rangés les pianos. Le lot de cet exposant était digne de tous éloges.

Sirven. — Les cartonnages de M. Sirven donnent la meilleure idée de sa fabrication : ils sont élégants, bien

9

finis et variés de forme. En ce genre d'industrie, cette maison peut soutenir avantageusement tout parallèle avec les plus accréditées.

SOULÉ ET FILS. — Le lot de MM. Soulé et fils, rue Rempart-Saint-Étienne, 26, était composé de quatre variétés de voitures : américaine demi-fortune, phaéton, landau avec glaces et victoria ordinaire. C'est ici de la carosserie de luxe, et les exposants jouissent, pour leurs produits, d'une popularité assez grande, pour que je puisse me dispenser de tout éloge.

SOULÉ ET C$^{ie}$. — MM. Soulé et C$^{ie}$, rue Sainte-Ursule, 1, ont exposé de la reliure et des registres. Cette maison est avantageusement connue sur notre marché par la supériorité de sa fabrication et surtout par la modicité de ses prix de vente.

SOULIGNAC. — Une pendule a été envoyée par M. J. Soulignac, rue des Balances, 48, Cet exposant est un horloger de mérite, soigneux de tout ce qui est du ressort de sa profession, qu'il exerce avec goût et avec intelligence.

SMITH. — M. Smith, horticulteur, a exposé des plantes de serre chaude, de serre tempérée et de pleine terre. Son lot a été, en son genre, sinon le plus méritant, du moins l'un des plus méritants de l'Exposition. Au reste, ce n'est pas d'aujourd'hui que M. Smith a été apprécié, la faveur du public lui est depuis longtemps acquise, et des récompenses honorifiques, d'une haute valeur, ont déjà reconnu ses efforts.

M$^{me}$ SABATIÉ. — Nous avons vu de M$^{me}$ Sabatié, grande rue Nazareth, 26, des devants de chemise qui n'ont pas de prétention aux exagérations de la mode fantaisie, mais sont d'un travail remarquable comme fabrication.

SPINEDI (JEAN). — M. Spinedi, rue Riquet, 8, a soumis, à l'appréciation du Jury, une mosaïque (l'aigle impérial) qui fait le plus grand honneur à son habileté.

VENTAX. — M. Ventax, place du Capitole, 20, a fait concourir des soufflets de sa fabrication, qui sont élégants et convenablement construits.

LES SUCCESSEURS DE DURAND ET C^{ie}. — Le lot de ces exposants est très varié : pâtes alimentaires, chocolats au gluten, pains biscottes, pâtes de gluten, amidon, etc. C'est que cette maison a su comprendre l'esprit de notre temps et multiplier ses opérations. Le gluten paraît être, toutefois, l'objet plus particulier des efforts de ces Messieurs, et, de ce côté, ils ont déjà obtenu de grands résultats.

SUBRA. — M. Subra, charpentier, rue Riquet, a fourni, aux visiteurs de l'Exposition, l'occasion d'admirer le magnifique modèle de charpente exécuté par les compagnons charpentiers. Tout le monde a voulu le voir, et, l'ayant vu, n'a pu s'empêcher d'en dire les choses les plus louangeuses. La loterie de l'Exposition, qui l'avait choisi, a eu donc en cela une heureuse inspiration, comme, du reste, pour presque tous les objets choisis par elle.

TAILLEFERT (J.-B.) — M. Taillefert, rue des Trente-six-Ponts, 17, a exposé un égrenoir à maïs convenablement construit, mais d'après le système déjà connu.

RIVES ET FAGET. — L'imprimerie de MM. Rives et

Faget est très avantageusement connue à Toulouse ; le lot qu'ils ont exposé est à la hauteur de ce renom.

TALABOT ET C^ie. — La maison Talabot et C^ie est l'un des plus importants établissements industriels de Toulouse ; les limes et les faux qu'elle a fait figurer aux Jacobins sont des produits hors-ligne, comme tous ceux qu'elle fabrique.

TANQ (L.) — M. Tanq, rue de la Pomme, 12, a exposé un réveil, sonnant par l'électricité, et des siphons. Le réveil électrique est la réalisation d'une idée ingénieuse, et ce réveil est appelé à entrer dans les usages de la vie en bien des cas.

TEISSEYRE. — Les chapeaux de paille exhibés par M. Teisseyre, rue Saint-Rome, 30, sont remarquables à tous égards et témoignent d'une fabrication consciencieuse et soignée.

M^me PRADEL. — M^me Pradel, rue des Filatiers, avait composé une vitrine avec des spécimens de lingerie pour femmes et pour enfants. J'ai trouvé ce lot irréprochable sous tous les rapports.

TERSIÉ. — M. Tersié, mécanicien, rue Dalayrac, 7, a envoyé à l'Exposition une machine à numération. C'est un ingénieux appareil, qui demanderait peut-être quelques modifications.

MONCLA, *horticulteur amateur*. — M. Moncla, rue Saint-Rome, a exposé une très jolie collection de plantes en vases, où l'on reconnaît plutôt l'amateur que l'horticulteur.

TEULLIÈRES. — M. Teullières, peintre verrier, nous a montré des vitraux peints, auxquels un critique minutieux pourrait adresser quelques reproches, sans doute; mais qui dénotent chez leur auteur beaucoup d'émulation, ce qui est une précieuse qualité.

TEUILLIÈRES. — M. Teuillières, propriétaire, rue Pharaon, 32, a envoyé trois litres de vin mousseux de 1864, décoré du nom de Champagne méridional; il est bon, et c'est là l'essentiel.

CASSAGNE, *jardinier*. — Les plantes maraîchères, fournies par M. Cassagne, jardinier chez M. de Sahuqué, sont remarquables à tous égards et témoignent de l'excellente culture qui leur est donnée.

THÉODORE (JEAN.) — M. Théodore, mécanicien, a concouru pour une presse lithographique et une machine à couper le papier. Ce dernier appareil est surtout digne d'éloges; il est bien construit, fonctionne à souhait et s'installe commodément.

TIGNOL. — Si un grand étalage et beaucoup de bruit de réclame, à propos de tout et généralement à propos de rien, font un établissement industriel de premier ordre, la maison de bijouterie de M. Tignol est la première fabrique d'horlogerie du monde. Mais un millon de ficelles mises en mouvement ne feront jamais qu'un pantin soit un homme vivant, ni que ce qui est commerce, c'est-à-dire trafic, soit industrie, c'est-à-dire production. Cette réserve faite (et j'avais mes raisons pour la faire en ces termes), je ne saurais trop reconnaître que les magasins de vente de cette maison sont installés avec un apparat très grand, et ont un nombre considérable de chalands, pour lesquels M. Tignol garde tout ce dont il est capable en fait d'aménité et de politesses.

TIVOLLIER. — Les conserves alimentaires de toutes sortes que M. Tivollier, limonadier, place du Capitole, a envoyées à l'Exposition, ont été ce qu'elles devaient être, c'est-à-dire parfaites, comme le sont, du reste, tous les produits de cet exposant, qui est l'une des notabilités industrielles à la fois et commerciales de notre cité.

TRANTOUL. — M. Trantoul, rue Louis-Napoléon, a exposé des photographies qui, par leur correction, justifient la vieille réputation de l'exposant, en tant que photographe de premier ordre parmi le grand nombre de ceux qu'il y en a dans la ville.

TRÉMOULET. — Les étoffes teintes, de M. Trémoulet, forment un bon lot ; elles sont manipulées avec soin, et révèlent une grande pratique des opérations de la teinture. Toutefois, je reproche à cette maison d'être restée un peu stationnaire depuis 1858.

VIDAL. — Ce que j'ai dit des plantes maraîchères de M. Cassagne, je n'aurais qu'à le répéter ici ; car cela convient aussi à celles de M. Vidal, rue des Récollets, 22.

VAYSSE. — M. Vaysse, place du Marché-au-Bois, 20, a concouru pour la peinture décorative. Le panneau qu'il a exposé est, à mon avis, un des bons morceaux, en ce genre, qui ont figuré aux Jacobins.

VALADE. — Les fourneaux économiques de M. Valade ont acquis un grand nombre de suffrages flatteurs parmi les habitués de l'Exposition ; du reste, c'était justice : ces appareils sont bien combinés, d'un travail irréprochable et commodes à installer.

VALETTE. — Une cheminée en marbre a été exposée par M. Valette. C'est l'une de celles qui ont le plus attiré l'attention ; le marbre est de belle qualité, et il a été travaillé avec un goût et une habileté remarquables.

VAISSE. — M. Vaisse, rue Saint-Nicolas, 24, a envoyé divers articles dignes à tous égards d'être examinés avec faveur. Ce lot se compose de boîtes inodores, de toiles pour voyage, de papier ciré pour emballage et d'un étui pour parapluie-canne ; tous ces objets sont très convenablement fabriqués.

VEILLON (H.) — M. Veillon a soumis, à l'appréciation du Jury, des biscuits pour la troupe ; ils ont été fabriqués avec le plus grand soin et sont excellents au goût. De tels produits ont une utilité pratique qu'il n'est pas permis de méconnaître.

M^me VEUVE VIALLET. — M^me veuve Viallet, née Martegoute, rue Clémence-Isaure, 5, a exposé un ensemble magnifique de toisons : mérinos, pur bélier ; même espèce, brebis ; dishley-mauchamp-mérinos, bélier ; même espèce, brebis ; lauraguais, bélier double croisement par le dishley-mauchamp-mérinos, et enfin, southdown, brebis. Ces toisons, propres, les unes au peigne, les autres à la carde, composent un lot exceptionnellement beau.

VIERS. — Les articles de voyage que M. Viers a exposés sont convenablement fabriqués et ne manquent pas d'élégance ; ils sont une preuve que cet exposant a la volonté ferme de réaliser tous les perfectionnements que comporte son industrie.

VIGÉ (F.) ET FILS. — MM. Vigé ont soumis, à l'appréciation du Jury, une balance et bascule à bestiaux au dixième ; bascule qui est portative. Il y a, dans ces deux appareils, un mérite incontestable comme construction.

VIGUIER. --- M. Viguier a envoyé des sabots, ils sont fabriqués avec soin et consciencieusement, et font grand honneur à son adresse en sa profession.

VIGUIER. — Les produits céramiques de M. Viguier prouvent que cet exposant, qui réussit déjà d'une façon très remarquable, est avide de tous les perfectionnements qui lui permettront de faire mieux encore.

VIREBENT. — MM. Virebent sont les princes de l'art céramique dans tout le Midi, et leur lot ne pouvait qu'être l'un des plus riches et des plus remarquables de notre exhibition. Entre autres particularités, je ne saurais trop féliciter le marquis de V... de l'idée qu'il a eue de commander à MM. Virebent, pour son château de la Pupetière (Isère), la magnifique cheminée, style XIIIᵉ siècle, qui est exposée au fond de la grande salle. Ce chef-d'œuvre de l'art céramique est sculpté en grès de Toulouse.

WIBRATTE. — M. Wibratte, rue Montardy, 22, a soumis à l'appréciation du Jury un coffre-fort et une horloge. Je ne surprendrai personne en disant que les coffres-forts qui sortent des ateliers de M. Wibratte peuvent être avantageusement comparés à tout ce qui, à Toulouse et au dehors, se produit de mieux en ce genre.

YARTZ. — M. Yartz, en dehors des produits qu'il a exposés au nom des maisons de premier ordre qu'il représente, nous a également fourni l'occasion d'admirer les quincailleries hors-ligne qui sont fabriquées par son usine. En sa spécialité industrielle, M. Yartz n'est pas seulement la première maison de Toulouse, mais encore occupe une place d'honneur parmi les plus importantes du dehors. Tout éloge serait donc superflu ; M. Yartz peut être égalé, mais pas surpassé.

ARNAL. — M. Arnal, fabricant d'équipement militaire, rue de la Pomme, 58, fait également, et avec succès, la chapellerie civile. Mais il s'est acquis un renom spécial pour les articles militaires, surtout pour la coiffure de ce dernier genre. Aussi, est-ce des échantillons de cette coiffure qu'il a exposés dans sa vitrine, qui n'a pas de rivale à ce titre.

ARTIGUE. (J.) — Les peintures décoratives pour bâtiments, de M. Artigue, rue des Chapeliers, 10, constituent un des meilleurs lots exhibés en ce genre, quand on a de l'initiative et du goût comme en a cet exposant, on arrive infailliblement au succès.

ARTIGUES. — M. Artigues, place Lagane, 10, a exposé des machines aratoires que M. Gourdon a judicieusement appréciées.

« M. Artigues, dit-il, expose un lot d'ensemble assez nombreux comprenant, outre différentes charrues et quelques autres ustensiles pour le travail du sol : 1° un rateau américain, à dents en fer, construit sur le modèle du rateau en bois, importé par M. Gaud, et qui, plus solide que celui-ci, pourra parfois peut-être lui être substitué avec avantage ; 2° un rateau, dit *compensateur,* muni d'un siége ou s'asseoit le conducteur, lequel, avec le pied, presse une bascule qui soulève les pointes toutes les fois qu'il est nécessaire, disposition qui permet de faire fonctionner l'instrument avec un seul homme, et réalise, par suite, une économie sensible de main-d'œuvre.

D'AUBUISSON. — M. d'Aubuisson, rúe des Récollets, 40, a envoyé à l'Exposition trois catégories d'objets concernant l'histoire naturelle. Ils composent un lot de toute beauté ; je ne viens ici faire comprendre l'importance qu'en indiquant ce qu'il contient : neuf cadres d'écailles de papillons transportées et fixées sur papier ; quarante-deux boîtes contenant une collection de lépidoptères indigènes, classés d'après l'ordre adopté par M. le docteur Boisduval, dans son *Judex methodicus ;* dix boîtes contenant des lépidoptères exotiques et des coléoptères exotiques et indigènes, disposés en tableaux.

BAYLE. — Un pupître a été éxposé par M. Bayle, rue Fermat, 7. Ce meuble est bien conçu, consciencieusement travaillé, et présente à l'œil un ensemble fort élégant ; il est digne par conséquent des meilleurs éloges.

M^{me} BOURBON (JACQUETTE). — M^{me} Bourbon a envoyé aux Jacobins une couverture en coton tricotée. C'est un travail soigné qui fait le plus grand honneur à l'habileté de cette exposante.

CASSAGNE. — L'appareil à eau de selz, exposé par M. Cassagne, boulevard d'Arcole, 32, est ingénieusement agencé et convenablement construit ; quelques améliorations, et le succès sera complétement atteint.

DOAT. — M. Doat, marbrier, allées Louis-Napoléon, 44, a concouru pour ses marbres et sa pierre. En sa spécialité, le lot de M. Doat est remarquable, et c'est avec raison que le public des visiteurs l'a vu avec faveur.

Fontés. — M. Fontés, rue Lancefoc, a soumis, à l'appréciation du Jury, du nitrate de potasse et de la céruse. Ce sont deux substances importantes pour le commerce ; on ne saurait donc trop louer la pureté des articles exposés par M. Fontés.

Fuga aîné. — Les habillements confectionnés et sur mesure de la maison Fuga aîné, rue St-Rome, 8, ont été généralement l'objet d'une attention favorable. Au reste, la maison Fuga aîné jouit d'une haute considération sur le marché de Toulouse, et nous étions en droit d'attendre, sous ce nom, un lot irréprochable.

Gardes. — M. Gardes a exposé des allumettes chimiques. Cet exposant est un homme d'initiative, qui a fait les plus louables efforts pour créer, à Toulouse, un centre important pour son genre de fabrication. D'ailleurs, je suis heureux de dire qu'il a réussi en bonne partie dans son entreprise, et que la bonté de ses produits n'est aujourd'hui un doute pour personne.

Gaubert (L.). — M. Gaubert, entre autres objets, a fait figurer aux Jacobins le papier à cigarette dit *Scaferlati*, qui a, depuis quelques temps, un vrai succès de vogue ; ce succès est largement justifié par la supériorité de ce produit sur tous ceux du même genre, à cause de sa composition.

Guittou. — C'est un lot fort original, et, du reste, d'un travail irréprochable, que celui de M. Guittou, avenue de la Patte-d'Oie, 24 ; il se compose d'une table, d'une corbeille, de culs de lampe et d'une pendule rustique, tous objets de formes excentriques ; le dernier article est surtout digne d'attention.

JAMMES. — Nous avons eu de M. Jammes, rue des Arts, 6, des sacs à plomb de chasse fabriqués avec tout le soin possible ; ce lot vaut bien, malgré sa modestie, qu'on le prenne en bonne considération.

PIETTE. — M. Piette, rue des Filatiers, 29, a soumis, à l'appréciation du Jury, des produits chimiques et des cadres entomologiques. Dans ce lot, tout est irréprochable de goût et de soins, dont révèle l'observateur patient, curieux de science ou du moins de connaissances qui sont le partage d'un petit nombre d'hommes spécialement organisées.

RESSÉGUIER. — M. Rességuier, port du Canal-Saint-Etienne, 4, avait composé un lot fort beau de verreries, les unes de Carmaux, et les autres de Lectoure, et de bouteilles ; tous ces articles font le plus grand honneur aux procédés de fabrication de cet exposant.

SEVEILLAC. — Voici une œuvre à part ; un bas relief. Il est intitulé la Sainte-Famille, et nous vient de M. Seveillac, rue des Tourneurs, 52. Je le trouve parfaitement exécuté, et l'on ne saurait, selon moi, trop encourager un artiste de mérite tel que M. Seveillac.

VERNET. — M. Ch. Vernet n'est pas peintre comme son célèbre homonyme ; mais, en sa qualité de fabricant d'ornements d'église, il a exhibé, dans un cadre ovale, un beau Christ en ivoire, qui, à mon sentiment du moins, vaut mieux que bien des tableaux que l'on vante.

VIDAL. — Vidal, place du Capitole, a exposé des photographies qui sont correctes, agréables à l'œil ;

mais n'ont rien de particulier au milieu des nombreux produits de ce genre qui figuraient à l'Exposition.

ALBERT. — Un vieux panneau en bois sculpté, représentant saint Michel-Archange terrassant le démon, a été exposé par M. Albert, sculpteur. Il y a du mérite à avoir restauré cette œuvre ancienne, qui, somme toute, est un objet de curiosité.

M<sup>me</sup> AVIGNON. — M<sup>me</sup> Avignon, rue St-Etienne, 7, a envoyé à l'Exposition un enfant Jésus en cire, agencé d'une telle façon qu'on lui fait exécuter des mouvements et de la musique. C'est un objet fort ingénieux et qui a été remarqué avec faveur par tous les visiteurs de l'Exposition.

BÉRINGUIER. — Nous avons eu de M. Beringuier, rue St-Rome, 10, des plumes d'autruche et des marabouts, qui sont des objets dignes de tous éloges. Ils sont fabriqués avec un soin rare.

BRUN-PRADY ET C<sup>ie</sup>. — Les robes et confections pour dames de la maison Sainte-Germaine, rue de la Bourse, 11, 12 et 15, n'affectent pas trop, à l'Exposition, la prétention à l'étalage. Elles n'en ont que plus de mérite à être jugées à simple vue, comme sortant d'un atelier de premier ordre en cette spécialité industrielle, l'une des plus importantes de notre époque.

BURON. — M. Buron a soumis, à l'appréciation du Jury, une machine à peser le fourrage, qui tient une place honorable parmi les instruments de pesage exhibés.

CAUHOPÉ. — Des plumeaux en plumes de coq ont été exposés par M. Cauhopé, rue Pharaon, 14. Il y a là du soin et une grande volonté de bien faire, que je ne saurais passer sous silence.

CHATAIGNÉ. — Le lot de M. Chataigné, rue des Arts, se compose de harnais et de bandages pour chevaux, et de harnais de poste, d'après un genre particulier à cette maison, qui, du reste, est, entre toutes celles de sa spécialité, on ne peut plus avantageusement connue ; aussi, son lot à l'Exposition est-il remarquable à tous égards.

DAUBÈZE. — Les photographies de M. Daubèze, rue Louis-Napoléon, 11, révèlent, chez cet exposant, une grande volonté de réaliser les meilleurs perfectionnements qui ont trait à sa profession ; à ce titre, elles se recommandent à la faveur publique.

DESTREM. — J'ai éprouvé, dans l'une de mes visites à l'Exposition, une impression pleine de tristesse que je dois noter ; elle a été produite par la lecture de ces mots : « Les décors, faits pour l'Exposition par la maison Destrem, ont été détruits dans l'incendie de la manufacture. » En effet, le nom de Destrem est l'un des plus honorablement connus, parmi tous ceux des représentants de l'industrie toulousaine, et l'on ne peut, sans un serrement de cœur, passer devant ces pans de mur en ruine qui se dressent, encore noirs des ravages de l'incendie, au bout de la rue de la Pomme, là même où l'on s'arrêtait tout émerveillé, il y a quelques mois à peine, devant le magnifique étalage de papiers peints du grand numéro cinq. Et cet écriteau de la salle des Jacobins m'a remis en mémoire le triste spectacle de l'épouvantable catastrophe dont cette importante manufacture fut naguères la victime, et qui impressionna si douloureusement notre cité! S'il est une consolation à de tels évènements, la maison Destrem a pu la trouver dans la preuve de l'estime dont elle jouit à Toulouse; cette preuve était écrite dans l'empressement de la population autour du théâtre de l'incendie, et dans la consternation de tous; le malheur qui leur arrivait prit les proportions d'un deuil public parmi leurs concitoyens.

DEGEILH ET C<sup>ie</sup>. — Nous avons eu de MM. Degeilh et C<sup>ie</sup>, distillateurs, rue Pharaon, 27, des liqueurs et des fruits confits. Tout éloge serait superflu; ces produits sont supérieurs, sous tous les rapports, comme ils devaient l'être, sortant d'une maison de premier ordre.

ESPERT FRÈRES. — MM. Espert frères, rue de la Pomme, 70, ont exposé de l'eau et de la pommade philocome et un produit de leur invention, l'espertine, destiné à combattre, chez ceux qui l'emploient, les tendances à la calvitie. Comme fabrication, ces objets sont composés de substances de choix et parfaitement réussis; on comprend qu'ils sortent de l'une des premières maisons de coiffure de notre ville.

M<sup>me</sup> VEUVE MICHEL GARRIGUES. — Des stores en bois ont été envoyés à l'Exposition par M<sup>me</sup> Michel Garrigues, rue des Arts, 28. Le goût a présidé à la production de ces stores élégants, dont le moindre détail est irréprochable. C'est un bon lot.

GIRARD FRÈRES. — La maison de MM. Girard frères tient une place importante dans le Midi, et comme représentant des maisons de premier ordre, et comme produisant elle-même des articles de quincaillerie d'une grande supériorité; aussi, tout ce que nous avons vu d'elle ou par elle, à l'Exposition, est-il irréprochable comme goût et comme fabrication.

GRENIER. — La vitrine de M. E. Grenier, tourneur-tabletier, rue de la Pomme, 52, est sans contredit l'une de celles qui a le plus d'admirateurs parmi les visiteurs de l'Exposition. C'est une preuve que le public est un excellent juge, quoiqu'en disent certains esprits moroses.

M^me GUILLAMON. — M^me Guillamon a exposé une pagode indienne; je ne trouve rien, dans cet objet, qui puisse justifier une mention particulière.

HACHARD. — M. Hachard, rue St-Antoine-du-T, 4, a envoyé des photographies; elles sont ce que sont de bonnes photographies; mais il y en a tant de notre temps qui ont les mêmes qualités.....

JEAN ET FILS. — Les fleurs artificielles que MM. Jean et fils ont exposées ont un mérite réel; cette vitrine fait honneur à ceux qui l'ont composée.

LACGER (DE). — M. de Lacger, rue des Arts, 12, a envoyé des photographies qui tiennent un rang honorable parmi celles qu'ont reçu les Jacobins; elles sont marquées au coin du goût et ont quelque chose qui les rapproche de l'art pur.

LAGÈZE. — Nous avons eu de M. Lagèze, rue Saint-Rome, 14, des pianos, des orgues et des harmoniums. Cet exposant représente une foule de maisons les plus importantes de France, qui fabriquent les pianos et les orgues; il est lui-même versé dans cette spécialité industrielle. Aussi son lot a-t-il été remarquable à tous égards.

LEBRET. — Les mouvements de montre que M. Lebret, rue de la Trinité, 16, a exposés, témoignent d'une grande volonté de bien faire; de la persévérance, et M. Lebret réussira certainement.

MATHER PÈRE ET FILS. — MM. Mather ont soumis, à l'appréciation du Jury, des cuivres ouvrés dont on ne saurait trop vanter la supériorité sur tous les objets du même genre qui ont figuré aux Jacobins. Ces cuivres ouvrés étaient un des lots les plus remarquables et les plus méritants.

OLIVIER FRÈRES. — Diverses liqueurs ont été envoyées à l'Exposition par MM. Olivier frères, confiseurs-distillateurs, place du Chairedon. La maison Olivier jouit, sur le marché de Toulouse, d'une faveur grande, que justifient largement leurs produits, en raison de leur supériorité.

M$^{me}$ VEUVE OLLIVIER. — M$^{me}$ Olivier, fabricant de papiers peints, a fait figurer aux Jacobins diverses décorations relatives à son industrie. Je ne trouve à ce lot rien qui soit digne d'attirer particulièrement l'attention; on trouverait aisément les mêmes objets aussi bien traités, si non mieux.

PERLAN. — M. Perlan, rue de la Dalbade, 33, a fourni du cirage pour l'armée. Ce produit est d'excellente qualité et remplira parfaitement, si je ne me trompe, le but auquel il a été destiné. Il mérite donc les meilleurs encouragements.

RÉMY ET C$^{ie}$. — La maison des Abeilles, parmi

celles qui s'occupent de confections, s'est rapidement élevée à l'une des premières places d'honneur ; elle le doit à l'élégance de la coupe et à la solidité du travail. A mon sentiment, le lot de MM. Rémy et C^ie était, en son genre, le plus méritant, et, au point de vue général, l'un des plus remarquables de l'Exposition.

ANDOQUE DE SERIÉGE. — Les plantes de serre que M. Andoque de Seriége, amateur, rue Roquelaine, a fait figurer aux Jacobins, révèlent un homme passionné pour l'horticulture, et jaloux de la faire prospérer le plus possible. On ne saurait trop reconnaître d'aussi louables efforts.

BARAT PÈRE ET FILS. — Des plantes variées, en collections de serre et de pleine terre, des corbeilles diverses ont été envoyées par MM. Barat, rue du Faubourg-Matabiau. Leur lot a été favorablement apprécié par les connaisseurs, et il était de toute justice qu'il en fut ainsi.

BARTHÈRE FRÈRES. — MM. Barthère, allée Saint-Michel, 36, ont exposé diverses collections de plantes de serre et de pleine-terre. Ce lot méritait d'être étudié ; il renfermait de curieux spécimens de plantes, dont la belle venue fait grand honneur aux exposants.

BARTHÈRE PÈRE ET FILS. — Des multiplications de conifères et d'arbustes verts ont été fournis par MM. Barthère, horticulteurs, avenue de Muret. La culture des conifères et des arbres verts est l'une des branches importantes de l'horticulture ; les exposants ont donc bien mérité du public en leur donnant des soins assidus, qui ont produit des résultats remarquables.

DEMOUILLES. — Le lot de M. Demouilles, allées du

Pont-des-Demoiselles, se compose d'arbres fruitiers formés, d'arbustes verts, de multiplications de conifères et d'arbustes à feuilles persistantes, et d'une corbeille de fruits en collection. C'est le plus beau lot, à mon avis, de l'Exposition d'horticulture, et c'est avec raison qu'il a été, de la part des visiteurs, l'objet d'une préférence marquée.

Lassance. — Plantes de serre ou de pleine terre, variées ou en collection, fleurs coupées, bouquets, corbeilles, tel sont les produits exposés par M. Lassance, allée Bonaparte. Il y a un mérite réel dans ce lot, qui a dignement figuré dans la section des produits horticoles, la plus parfaite, selon moi, de toute l'Exposition.

Pertuzès fils. — M. Pertuzès, rue des Châlets, a produit des plantes variées, et en collections, de serre et de pleine terre, en pots ou en corbeilles, et nous a montré de belles fleurs coupées. Tout le monde sait que M. Pertuzès est l'un des plus intelligents horticulteurs de Toulouse; aussi n'étonnerai-je personne en disant que son exhibition a été l'une des plus favorablement appréciées.

Bonamy. — M. Bonamy est horticulteur également, et je n'en ai que quelques mots à dire; beaucoup de connaisseurs ont soutenu que son lot était, en son genre, le plus méritant de l'Exposition. Pour avoir ainsi réuni un nombre considérable de suffrages compétents, ne faut-il pas qu'il ait été, en effet, remarquablement bien composé? Il ne peut en être autrement, et M. Bonamy peut être fier, à juste titre, d'un résultat aussi flatteur pour lui.

## 9° ARIÉGE.

Le département à la fois méditerrané et frontière de l'Ariége est entièrement montagneux : il fait partie du versant septentrional des Pyrénées et s'appuie à leur faîte. Cependant, le climat est renommé pour sa douceur. Les voies de communication consistent en 16 grandes routes et 1,300 chemins vicinaux. Le pays est à la fois agricole et manufacturier Il produit des céréales au-delà des besoins, des fourrages, du lin, du chanvre, les fruits du Midi, des chênes-liége. Les vins sont insuffisants et de qualité inférieure. On y fait une élève considérable de gros bétail, de moutons mérinos et de race améliorée, d'abeilles; on y nourrit des bestiaux pour la boucherie. L'exploitation minérale donne : des fers en abondance (les seules mines de Rancié produisent plus de 52,000 quintaux métriques), les beaux marbres statuaires de Bélesta, de l'albâtre, de la porphyre, des terres alumineuses, du jayet, du plâtre excellent, des ardoises, du sable aurifère. On estime les sources minérales d'Ax, d'Ussat, d'Audinat, d'Aulus. L'industrie travaille principalement le fer, et tient en activité des hauts fourneaux, de nombreuses forges catalanes et des aciéries très estimées; elle fabrique des limes, des faulx, des râpes, des clous. Elle s'occupe aussi à la fabrication des draps, aux lainages, à la bonneterie de filoselle, aux produits chimiques, à la tabletterie, aux papiers, au verre, à la faïence, à la préparation des peaux. Le commerce consiste en fers et aciers, bois, marbres, bestiaux et mules pour l'Espagne. Il se tient dans l'Ariége 215 foires. Les fers de l'Ariége « passent pour être les seuls en France propres à la fabrication de l'acier. Ils sont classés, dans le Nord comme dans le Midi, au premier rang. » Les bâtiments spécialement consacrés à l'industrie sont au nombre de 394 ; le quart environ de la population totale est composé d'industriels et de commerçants.

Examinons maintenant qu'elle est la part prise par ce département à notre Exposition.

Palotte. — Sous le n° 730, M. E. Jacques Palotte fils, des usines Sainte-Marie, à Pamiers, a exposé un grand nombre de spécimens des produits de son industrie. — Voici d'abord un échantillon de minerai de Rancié ; nommer ces minerais, dont la réputation de supériorité est universelle, c'est être dispensé d'en faire éloge. Quand on emploie avec intelligence une telle matière première, on ne peut qu'arriver à produire des fontes, des fers et des aciers excellents. Je ne suivrai donc pas ce lot dans ses détails. Les aciers m'ont paru surtout d'autant plus dignes de remarque, que la fabrication des bons aciers présente de très grandes difficultés. Les limes paraissent aussi être un objet de soins spéciaux de la part de M. Palotte, et, dans cette spécialité, il me semble mériter les encouragements de toute nature, en raison des services qu'il est appelé à lui rendre par son intelligente initiative.

G. Durozey. — L'usine de Saint-Antoine, dans l'Ariége, a reçu, depuis quelque temps, une grande impulsion qu'elle doit à un homme nouveau pour le pays, M. Durozey, homme qui, dès le début, s'est acquis l'un des premiers rangs dans le monde industriel. La fabrication des faulx est la spécialité de cette usine et, pour être convaincu des développements qu'elle vient de recevoir, ce qui est un gage de ceux qui lui seront donnés successivement, il n'est besoin que d'en appeler au lot exposé par M. Durozey : il a été, en son genre, le plus méritant, l'un des plus remarquables au point de vue général.

Mussy, *ingénieur des mines*. — M. Mussy, ingénieur des mines à Vicdessos, a fait figurer aux Jacobins un lot de minerai de fer, dont la richesse exceptionnelle est digne d'une mention spéciale et fait regretter que l'exploitation des minières de l'Ariége ne soit pas étudiée avec plus d'attention qu'elle ne l'a été, afin d'être, enfin, activée plus qu'elle ne l'est encore.

Durand. — A Luzenac, près des Cabannes, se trouve un gisement de talc qu'exploite M. Jacques Durand. Un bloc et de la poudre de ce produit minéral ont été envoyés par lui à notre Exposition, où ils ont, à juste titre, fixé l'attention de tous les visiteurs sérieux. Ce lot, en effet, était remarquable par la beauté du produit exhibé, et celui-ci mérite d'être pris en grande considération à cause de l'usage qui en est fait : c'est avec le talc qu'est fabriqué le fard, composition dont on se sert, chacun le sait, pour donner plus d'éclat au teint.

Sans, Thomas et Vieules. — La commune de Camarade possède une mine de sel de gemme, dont l'exploitation prend, depuis peu de temps, une importance digne de remarque. Les sels obtenus sont d'une pureté,

d'une blancheur , d'une bonté bien autrement grandes
que ceux des salines du littoral ; de plus, ils pourront
être livrés à des prix moindres. Or, avoir mieux , tout
en réalisant une économie notable , c'est un avantage
qui ne saurait tarder à être apprécié. MM. Sans, Thomas et Vieules sont donc en présence d'un bel avenir ;
le plus grand nombre de ceux qui ont vu, aux Jacobins,
leur lot remarquable , partagent , je n'en doute pas ,
l'avis que je viens d'émettre.

Mourié. — Des cuirs divers constituent l'envoi de
M. J. Mourié , des Cabannes. Sans doute , un apprécia-
teur trop sévère trouverait-il à ces produits quelques
imperfections? Mais on doit , à mon avis, pour bien
juger un industriel , faire la part des circonstances au
milieu desquelles il se trouve placé : le lieu qu'il
habite, les ressources de la contrée , le temps depuis
lequel il est à la tête de son entreprise , tout doit être
pris en considération. Hé bien ! je crois que, si l'on
tient compte de toutes choses, M. Mourié doit être l'objet d'un jugement des plus favorables.

A. Bribes. — Un beau lot de couvertures de laine
a été exposé par M. Bribes, d'Ax. Cette localité est un
centre des plus favorables pour une fabrication sembla-
ble ; on doit féliciter M. Bribes de ce qu'il a su profiter
de cet avantage, et donner à ses produits un cachet
incontestable de supériorité.

Grenier. — Nous avons eu de M. Grenier, de Mirepoix, de l'élixir végétal de Gimeng et du curaçao double. Ces deux liqueurs sont d'une grande finesse et ne
permettent pas le doute sur l'habileté de celui qui les

fabrique et sur la supériorité des procédés qu'il met en œuvre.

ANTOINE BRUSTIER, *menuisier*. — M. Ántoine Brustier, de Bélesta, a fait concourir une machine à couper le bois. Elle est simple, convenablement construite, d'un aménagement facile, et elle fonctionne à souhait. L'exposant mérite donc de sérieux encouragements.

F. CANCEL. — Voici un homme des champs, apiculteur par inclination et qui n'a guère, pour exercer cette industrie, d'autre guide que son bon sens et son expérience, qualités quelquefois plus précieuses que les enseignements d'un livre. Quoi qu'il en soit, M. Cancel, de Campagne, réussit très bien l'élève des abeilles, et la preuve en est dans son envoi de cinq pots de miel et de quatre plaques de cire, produits dont la supériorité lui fait le plus grand honneur.

# RÉGION DU SUD

## 1° CORRÈZE.

Le département méditerrané de la Corrèze est divisé en deux régions bien distinctes : la *montagne*, au nord et à l'est, pays de bruyères stériles formé par un contrefort élevé des monts d'Auvergne; le *Pays-Bas*, au sud-ouest. Le climat est un peu froid, ce qui provient des plans élevés du sol et du grand nombre de rivières. Les communications se font par 10 grandes routes et 4,300 chemins vicinaux. Le pays, peu fertile et cultivé par des bœufs, est exclusivement agricole; mais la culture y est peu avancée. Quoique cela, les céréales sont suffisantes; les pommes de terre et les châtaignes viennent en abondance. Il y a excédant de vins; mais ils sont généralement médiocres, et c'est à peine si l'on peut citer les rouges d'Allassac, de Saillac et de Donzenac. La Corrèze cultive en grand les arbres fruitiers, surtout les châtaigniers et les noyers. Les foins viennent en abondance. Les truffes donnent de bons rapports. On fait l'élève du gros bétail, des moutons et des porcs, de chevaux de la race estimée, dite *Limou-*

*sine*, mais négligés et dégénérés, de mulets, d'ânes ; on se livre aussi à l'éducation des abeilles qui produisent un miel excellent. L'exploitation minérale est un peu développée ; elle consiste en fer, houille, beaucoup d'ardoises, pierres meulières et à aiguiser, granit, moëllons, chaux hydraulique, argile à poterie. On estime la source minérale de Bétailles. L'industrie manufacturière est à peu près nulle. Parmi les principaux établissements industriels, la manufacture d'armes à feu de Tulle, des usines à fer, quelques verreries et poteries ; des tanneries et des fabriques de lainages communs. Le commerce exporte des vins, des bois et du merrain, des bœufs, des porcs gras, des mulets, des armes à feu, des noix, du miel et de la cire, des truffes, des volailles, de la moutarde. La Corrèze compte 640 foires. L'industrie ne possède dans ce département que 84 établissements qui lui sont spécialement consacrés ; le nombre des industriels et des commerçants réunis est à peine un peu plus du douzième de la population totale.

Je ne trouve à l'Exposition qu'un seul nom de la Corrèze : celui de M. Antoine Viguier, de Brives. Il a envoyé un lot de sabots-souliers. C'est un produit qui a la solidité jointe à toute l'élégance permise à cette spécialité.

## 2° CANTAL.

Le département méditerrané du Cantal « est un pays entièrement âpre et montagneux, occupé par le massif du Cantal et par ses contreforts qui conservent pendant

près de dix-huit mois la neige amoncelée sur leurs
cimes. » Si ce n'est dans quelques vallées, le sol est ingrat et les pâturages sont la plus grande ressource : ils
sont, du reste, fort beaux. Le climat est très salubre,
mais rigoureux sur les montagnes. Les communications
ont lieu par 13 grandes routes, 3,740 chemins vicinaux
et 15 kilomètres de rivières navigables et de canaux.
Quant aux chemins de fer, « deux lignes sont en construction qui, se confondant dans la traversée du Cantal,
le feront communiquer avec Paris et Lyon d'une part,
et de l'autre avec Toulouse, Bordeaux et Bayonne. Celle
du côté de l'est est déjà ouverte jusqu'à Massiac ; du
côté de l'ouest, Aurillac se trouve encore à 73 kilomètres de la ligne de Montauban que l'on prend à Capde-
nac. » Le Cantal est un pays presque entièrement agricole, dans lequel, cependant, la récolte est insuffisante
en froment et en avoine ; les autres récoltes sont : le
sarrazin, le seigle, les pommes de terre, les châtaignes, le chanvre, le lin, les plantes médicinales, des
vins de qualité inférieure. « L'élève est l'industrie la
plus importante du département, qui reçoit, en été,
les troupeaux transhumants. » On vante les chevaux de
ces contrées ; les mulets et les ânes y sont en grand
nombre, ainsi que les moutons indigènes, mérinos et
métis, les porcs et les chèvres ; l'éducation des abeilles
est bien faite. Il se fait aussi une préparation considérable de fromages renommés, surtout ceux des environs de Salers, dits de *Roquefort.* Les forêts sont également une des richesses du pays. L'exploitation minérale
s'exerce sur la houille, l'antimoine, le plomb argenti-

fère, la tourbe, les carrières de granit, les pierres
meulières, les ardoises. On cite, parmi un grand nombre, les sources minérales de Chaudes-Aigues, d'Aurillac, de Sainte-Marie, de Fontanes, de Vic-sur-Cère.
Peu de chose à dire sur l'industrie ; elle fabrique pourtant les cuirs et les parchemins, la colle-forte, la boissellerie, les toiles, les lainages et les dentelles communs,
la chaudronnerie, les tuiles, les papiers, le verre. « Le
commerce exporte principalement les chevaux, le
bétail et les moutons, les châtaignes, les cuirs, les
peaux, les fromages, les planches de sapin et le merrain, les toiles de chanvre, la colle-forte. Il se fait une
émigration annuelle d'habitants pour la France, l'Espagne et la Hollande, comme chaudronniers, colporteurs,
marchands de ferraille, porteurs d'eau, charbonniers,
poêliers, ramoneurs, marchands de peaux, hommes
de peine. » Le Cantal a 200 foires. 146 bâtiments sont
spécialement consacrés à l'industrie, qui, conjointement
avec le commerce, occupe le sixième seulement de la
population totale.

Je ne trouve à l'Exposition qu'un seul exposant du
Cantal : M. Desbans, d'Aurillac, qui a envoyé des ciels-
ouverts en zinc. Un seul exposant, c'est bien peu ; mais
du moins ai-je la satisfaction de dire que son lot est
remarquable à tous égards. Les ciels-ouverts en zinc
sont appelés à être de plus en plus employés, et M. Desbans les fait de mains de maître.

## 3° LOT.

Le département du Lot est situé à l'intérieur des terres. A l'est, il est creusé par les derniers contreforts
des montagnes du Cantal, qui se continuent dans le plateau situé au centre du département dont nous parlons.
Le pays est donc élevé et montagneux, ce qui rend le
climat froid et humide; toutefois, les automnes sont
fort beaux. Les voies de communication sont : comme
rivières navigables, le Lot et la Dordogne; comme routes, 23 grandes routes et 5,500 chemins vicinaux; 90
kilomètres de chemins de fer sont livrés à la circulation.
La patrie de Clément Marot, du maréchal de Thémi-
nes, de Murat, du savant Champollion, du général
Cavaignac, et de bien d'autres célébrités, n'a un sol
fertile que dans les vallées du Lot et de la Dordogne;
aussi, quoique le département soit à peu près exclusivement agricole, la culture y est arriérée. En outre des
céréales, qui donnent un excédant considérable, on
récolte le maïs, le millet, le chanvre, le tabac, les truffes, les raves, les noix, les châtaignes, beaucoup de
fruits. La renommée dont jouissent les vins dits de
*Cahors*, et que donne la côte du Lot, nous dispense de
tout éloge. L'élève du bétail se réduit à peu près à celle
des moutons et des porcs; les volailles sont en très
grande quantité; on fait bien l'éducation des vers à soie.
L'exploitation minérale est sans importance; elle s'applique au fer, au granit, au grès, au marbre, à de
belles pierres à chaux, à la terre à creuzet et à la

poterie. Les sources minérales de Gramat, de la Garde, de Miers, sont fréquentes. « L'industrie s'exerce sur le fer, les tuiles, la poterie et les fours à chaux, les ratines, les cordes et la bonneterie de laine, les papiers, le toiles en quantité assez grande, les tissus de coton, les articles de tournerie en bois, les conserves de volailles. Les moulins à farine sont nombreux. Le commerce exporte surtout les grains et les farines; puis, le chanvre, les toiles, les laines, les porcs gras, les conserves de volailles et les truffes. » Le département du Lot compte 680 foires. Il y a 451 bâtiments spécialement consacrés à l'industrie; les industriels et les commerçants forment à peine le sixième de la population totale.

Voici les exposants.:

BÉLIBENS. — M. Bélibens, de Cahors, a concouru pour un modèle de pressoir. Il y a là une idée heureuse; encore quelques modifications et ce pressoir, devenu un apareil usuel, rendra de véritables services.

MASSABIE, *armurier*. — Dans la grande salle, au coin d'une table chargée de bronze d'arts, j'ai vu le fusil de M. Massabie, de Cahors, arme qui peut s'adapter à tous les fusils à piston, quel que soit le modèle. L'idée est fort ingénieuse et a été parfaitement réalisée; seulement, je n'ai pas trop pu savoir l'utilité pratique de cette découverte.

BRUEL. — M. Bruel, de Souillac, a envoyé des cuirs de veau tannés. Ce fabricant est plein de bon vouloir et il réussira certainement; mais je lui demanderais quelques perfectionnements, qu'il lui sera, du reste, facile de réaliser, comme, par exemple, un peu plus de résistance, de fermeté dans ce qu'il produit.

A. Soulié. — M. A. Soulié, de Cahors, a présenté son ciment. Il acquiert en peu de temps la dureté des meilleures pierres calcaires et il est susceptible d'un certain poli, qui le rend propre à remplacer avantageusement la pierre à bâtir.

Bonnet, *mécanicien.* — M. Bonnet, mécanicien à Gourdon, a exposé : un sécateur, une scie serpette et un greffoir avec expatus. Ces outils sont clairs, la trempe est bonne, et l'acier est en quantité suffisante et de bonne qualité.

Baldy, *photographe.* — L'appareil photographique exposé par M. Baldy, de Souillac, est commode, et de plus il est juste ; je m'en rapporte pour cela aux photographies de l'exposant, que cet appareil a sans doute produites.

Sage, *ferblantier lampiste.* — Un seul objet a été envoyé par M. Sage, de Gourdon : c'est un arrosoir de jardin. Les amateurs d'horticulture et de fleurs en apprécieront les avantages.

Pezet. — Un bénitier, une table et une mosaïque, telle est la part de M. Pezet, de Cahors. Le bénitier est un vrai petit chef-d'œuvre, et la mosaïque est remarquable à beaucoup d'égards, surtout par l'originalité du sujet représenté.

Delaurié, *carrossier.* — La voiture de M. Delaurié est conçue sur un plan élégant et elle est soigneusement exécutée dans toutes ses parties. Elle est peut-être un peu vulgaire au premier examen. Décidément, pour la carrosserie, Figeac, non plus que toute autre ville, ne saurait s'égaliser à Toulouse.

CANTAREL. — M. Cantarel, de Cahors, a soumis au Jury, un avant-train de calèche, tout d'une seule pièce, avec double rond. Ceci est un beau et bon travail; la conception est ingénieuse et la main-d'œuvre irréprochable. Seulement, cet avant-train offre-t-il plus de garanties que ceux que l'on exécute habituellement, et sous quel rapport? C'est ce que je me suis demandé sans pouvoir me répondre.

TEULIÈRE. — Nous avons eu de M. Teulière, de Cahors, des bois découpés; ils prouvent hautement l'habileté et le goût de l'exposant, et révèlent combien il aime sa spécialité.

BÉS. — Les Eaux minérales curatives de M. Bés, de Figeac, paraissent être, de sa part, l'objet des soins les plus minutieux. Du reste, ce n'est qu'à cette condition qu'elles continueront à posséder et qu'elles accroîtront la confiance qu'elles se sont acquise déjà.

EDOUX ET Cie, *distillateurs.* — Les liqueurs de MM. Edoux et Cie, de Cahors, sont vantées par les connaisseurs. Je ne saurais mieux faire que de me ranger de leur avis. Toutefois, MM. Edoux et Cie recherchent peut-être un peu trop les variétés marchandes, au détriment de celles qui ne seraient recherchées que par le petit nombre.

DELPECH ET PASQUET, *distillateurs.* — MM. Delpech et Pasquet sont de Cahors, comme MM. Edoux et Cie; en outre, je dirai exactement de leurs produits, ce que j'ai dit des précédents.

Rougié aîné, *distillateur*. — M. Rougié, de Gramat,
a pareillement exposé des liqueurs. Cet industriel a la
volonté ferme de bien faire ; on reconnaît aisément qu'il
cherche les meilleurs procédés de fabrication, et que,
dès qu'il en a ou croit en avoir découvert un, il se hâte
de l'appliquer.

## 4° AVEYRON.

Le département méditerrané de l'Aveyron est, surtout à l'est, un pays de montagnes sillonné par les ramifications des Cévennes et des monts d'Auvergne. Le
climat est pur, mais assez froid. Les voies de communication sont : la rivière navigable du Lot ; 24 grandes
routes ; 4,000 chemins vicinaux, 100 kilomètres de chemins de fer sont livrés à la circulation. La culture se
fait avec des bœufs. Les pâturages sont très abondants.
Le pays est agricole. Les céréales sont à peine suffisantes ; on récolte encore des châtaignes, des fruits, des
amandes, des truffes, des vins rouges d'ordinaire. L'élève
est importante et comprend les moutons, le gros bétail,
les chevaux, les mulets, les vers à soie. Les fromages
de Roquefort et de la Guiole sont renommés. Les principaux produits de l'exploitation sont la houille, le fer,
l'alun, la tourbe, le marbre, l'alumine, le plomb argentifère. On estime les eaux minérales de Cransac, de
Camarès, de Sylvanès. « La plus importante branche de
l'industrie est le tissage des draps communs et des lainages ; puis viennent les fers, les toiles, les cotons, les
peaux, l'alun, le sulfate de fer, la chaudronnerie. Les

11

forges de Décazeville sont renommées. Le commerce consiste en bestiaux, laines, fromages, alun, houille, bois, châtaignes, fruits et produits manufacturés. » Les foires de ce département sont au nombre de 180. L'Aveyron a 206 établissemets industriels; le quart de la population s'adonne à l'industrie ou au commerce.

Passons aux exposants.

ALRIC ET C^ie. — La vitrine de gants de MM. Alric et C^ie, de Milhau, s'est recommandée par le choix et la variété des produits. Ces messieurs ont l'initiative individuelle, et ils aiment le progrès. Ils fabriquent bien, et l'on peut prédire que, vienne un procédé nouveau qui le leur permette, ils feront mieux.

G. BOUTAUNET. — M. Boutaunet, de Villefranche, place du Pont, a exposé une voiture mécanique et des étuis à coulisse pour lunettes. Je crois que M. Boutaunet à un peu la manie des perfectionnements à tout propos. Tout cela est fort ingénieux, j'en conviens; mais je me suis dit : à quoi bon? Ne vaudrait-il pas mieux être un peu plus pratique.

AUGUSTA ARNAL. — La vitrine de MM. Roques et Desplats avait donné l'hospitalité à la mignonne exhibition de M^lle Augusta Arnal, de Villefranche. Il s'agit d'une pale pour calice et d'un point d'Angleterre à l'aiguille. Une fée ne ferait pas mieux, et le jury de Nîmes ne pouvait être inspiré plus justement qu'en la circonstance où elle accorda une récompense à cette habile ouvrière.

COLOMBIÈS. — M. Colombiès est fabricant, à Villefranche, de grosse horlogerie pour les tours et les clochers. C'est une horloge à répétition qu'il a présentée à l'appréciation de la commission de Toulouse. Cette horloge, trop accessible aux mains curieuses des visiteurs, à eu la male chance d'être dérangée pendant le cours de l'Exposition. Il est néanmoins incontestable que c'est un travail de mérite, soigné autant dans les détails que pour l'ensemble. On ne peut faire un reproche à l'ouvrier de ce qui a été une conséquence de la place malheureuse occupée par son produit.

Fonsagrives, *tailleur*. — M. Fonsagrives, de Villefranche, a envoyé des patrons mécaniques à l'usage des tailleurs, pour prendre mesure. Ceci est un produit un peu exclusif et qui n'a d'utilité que pour une seule profession. Néanmoins, il a une destination pratique, il constitue un vrai perfectionnement ; et l'on ne peut pas en dire autant de beaucoup d'autres lots.

Marty-Cazalès. — Le spath était, pour les anciens minéralogistes, tout minéral à texture lamelleuse, chatoyante et qui, facile à cliver, c'est-à-dire à séparer par lames, présente ainsi des divisions régulières. Ils donnaient le nom de spath pesant au baryte tel qu'on le rencontre fréquemment dans la nature en combinaison avec l'acide sulfurique. Dans cet état, la science moderne le nomme sulfate de baryte ; c'est un minéral blanc ou jaunâtre, remarquable par sa pesanteur spécifique, et qui, plus souvent que toute autre matière, sert de gangue, c'est-à-dire d'enveloppe ou de filon à la substance métallique. Il sert à préparer les composés barytiques. On le mêle au carbonate de plomb pour faire les qualités inférieures de céruse. — Or, c'est du sulfate de baryte qu'a exposé M. Marty-Cazalès, de Najac.

TEISIÉ, SOLIER ET Cie. — Les fromages de Roquefort jouissent d'une renommée bien méritée. C'est ce produit, l'une des principales sources de richesses pour l'Aveyron, que MM. Teissié, Solier et Cie ont soumis au Jury, pour lui faire apprécier avec quels soins ils le fabriquent. De fait, il serait rare de trouver, dans un fromage de cette espèce, une pâte plus fine que ne l'a celui du lot exhibé.

J. P. MARTY. — M. J. P. Marty, de Villefranche, a concouru avec trois objets : un ventilateur, un peigne à charriot et un coussinet à balancier. Ce fabricant est surtout recommandable pour ses ventilateurs, qui, du reste, jouissent d'une grande faveur...

ROUQUAYROL, *mécanicien.* — M. Rouquayrol, de Décazeville, a soumis au Jury des pompes à air et un appareil de plongeur. Je trouve surtout remarquable l'appareil de plongeur, qui peut présenter plus d'une application pratique.

CAZES, POURCET ET TRIADOU, *fondeurs.* — MM. Cazes, Pourcet et Triadou, fondeurs à Villefranche, ont présenté des cloches. Ils étaient ici sur un terrain où d'autres ont déjà un renom bien établi ; il n'y a que plus de mérite à eux à avoir accepté la lutte dans des conditions inégales. D'ailleurs, leurs cloches pourraient soutenir et ont dignement soutenu le parallèle avec les produits rivaux.

PRADELS. — M. Pradels, de Saint-Cyprien, a concouru pour une serrure incrochetable, pelle à secret et à dé-

tonnation. C'est fort ingénieux et a son utilité dans beaucoup de cas.

VERRERIE DE PANCHOT. — C'est une société anonyme
qui détient la verrerie de Panchot, de laquelle l'Exposition a reçu du verre à vitre, des bouteilles et du charbon. Ce dernier est d'excellente qualité. Quant au verre,
il a toute la transparence et toute la blancheur voulues,
ce qui est une preuve du bon choix que ces fabricants
font des matières premières.

SOUQUES. — Les plâtres et les carrèlements envoyés
par M. Souques, de Roquefort, n'ont pas eu le bonheur
de contenter certains esprits difficiles. J'avoue que je n'ai
pas bien compris les reproches qu'on a voulu leur faire,
et je trouve que cet exposant est digne d'encouragement.

## 5° LOZÈRE.

Le département méditerrané de la Lozère est très
élevé, entièrement montagneux, couvert par les Cévennes
et leurs contreforts. « Le climat est très âpre ; les hivers
sont rigoureux, exepté sur le versant oriental des Cévennes : l'automne et le printemps sont pluvieux, les
chaleurs rarement fortes en été. » Les voies de communication consistent en 26 grandes routes et 2,500 chemins vicinaux. Le sol, quoique très pauvre, produit de
beaux pâturages ; il est cultivé avec des bœufs. Le pays
est agricole ; les céréales sont suffisantes ; la récolte est
abondante en châtaignes ; les vins sont en petite quantité
et mauvais. L'élève est importante en moutons très
estimés et en vers à soie ; il y a des troupeaux transhu-

mants en petite quantité. L'exploitation minérale, qui est sans importance, a pour base l'argent, le plomb, l'antimoine, les marbres, le granit, les porphyres, l'argile à poterie. Les sources minérales les plus fréquentées sont celles de Bagnols, de la Choldette, de Florac, de Javols. « L'industrie, à peu près nulle, fabrique des lainages, la soie moulinée, les cuirs, les parchemins, le papier, les tuiles, la poterie. Le commerce exporte la soie, les châtaignes, les bois et les métaux. Un grand nombre d'habitants émigrent pour une partie de l'année et vont dans le Midi chercher du travail et surtout aider à faire la moisson et soigner les vers à soie. » La Lozère compte 200 foires environ. Il n'y a, dans ce département, que 30 établissements spécialement consacrés à l'industrie; le nombre des industriels et des commerçans réunis n'égale que le septième environ de la population totale.

La Lozère n'est pas représentée à notre Exposition.


## 6° TARN-ET-GARONNE.

Le département méditerrrné du Tarn-et-Garonne est « un pays montueux, sillonné par trois chaînes de collines, derniers rameaux des montagnes du Quercy; » Il est composé de « plateaux plus ou moins élevés, séparé par des gorges escarpées et des vallées profondes. » Les vents qui dominent sont l'autan ou vent d'est et le cers ou vent d'ouest; le climat est beau et tempéré, mais assez variable. Les voies de communication sont : les rivières navigables de la Garonne, du Tarn, de l'Avey-

ron ; le canal Latéral à la Garonne ; 24 grandes routes ;
3,400 chemins vicinaux. 120 kilomètres de chemins de
fer sont livrés à la circulation. Le sol, très fertile, est
cultivé par des bœufs. Le pays est agricole et manufacturier. En outre des céréales en quantité suffisante, on
récolte le maïs, le millet noir, le sarrazin, les légumes,
les melons, les truffes, les châtaignes, le lin, le chanvre, le tabac, toute sorte de fruits. Les vins sont assez
bons, et donnent plus de 400,000 hectolitres. L'élève
de la volaille se pratique en grand ; les mules et les
mulets sont une des richesses de ce département, qui
fait encore sur une vaste échelle l'éducation des abeilles
et des vers à soie, et dont les rivières produisent un
poisson excellent. L'exploitation minérale comprend le
fer, la houille, le marbre, la pierre à bâtir en abondance, l'argile. L'industrie, assez développée, fabrique
beaucoup de draps communs, serges et cadis, les toiles,
les bas de soie, la coutellerie, le savon, les tissus de
laine, la faïence et la poterie, les cuirs et peaux, l'amidon. Le commerce consiste principalement en grains,
farines, vins, eaux-de-vie, prunes et pruneaux, huile,
safran, laines, papiers, cuirs, draps. » Les foires qui
se tiennent dans ce departement sont au nombre de 100.
L'industrie y compte 206 bâtiments qui lui sont spécialement consacrés, et, conjointement avec le commerce,
elle occupe environ le sixième de la population.

Examinons maintenant comment le Tarn-et-Garonne
s'est fait représenter à l'Exposition.

DUBOURG-LACAZE. — Le lot de M. Dubourg-Lacaze, de
Montauban, était composé de cotons et de laines écrus

blanchis et teints, et de couvertures de coton. Cet industriel fait une fabrication importante, et il la fait avec intelligence, en la tenant à la hauteur des meilleurs procédés et des perfectionnements utiles.

TRÉGAN, *mécanicien*. — La mécanique appliquée à la fabrication des machines, a fait, dans ces derniers temps, d'immenses progrès. M. Trégan, mécanicien à Bruniquel, est un de ces chercheurs intrépides qui se dévouent au perfectionnement des appareils utiles aux arts industriels. Il a présenté une machine à tisser qui est une preuve de ce que j'avance et seule suffirait à établir la réputation d'un ouvrier de cette spécialité.

LUGOL, MARTY ET VIDAL. — Les soies grèges et les tissus de soie à bluter de MM. Lugol, Marty et Vidal, de Montauban, ont tenu l'une des places les plus honorables parmi les produits exhibés. J'ai remarqué surtout les soies grèges, et beaucoup d'autres habitués des Jacobins ont sans doute fait comme moi.

J. FAURÉ. — M. J. Fauré, de Valence, a exposé un ventilateur. Je ne sais pourquoi, mais il ne m'a pas plu autant que les produits de même espèce qui rivalisent avec lui.

M^me BESSON, *tailleuse*. — Nous avons vu de M^me Besson, tailleuse à Castelsarrazin, un grand tapis d'appartement, ouvrage fait à la main. Je ne conteste pas le temps et la patience que ce travail doit avoir demandé à l'ouvrière ; mais je n'ai pas su lui trouver un mérite exceptionnel. Tout au plus est-ce un tour de force de la volonté appliquée à une longue tâche.

DESCOMBES ET C^ie. — Onze balais ont été envoyés par

MM. Descombes et C$^{ie}$, de Finhan. Ils sont fort beaux et fort bien conditionnés en leur genre. On reconnaît facilement que la fabrication des balais est une branche importante de l'industrie du département.

## 7° TARN.

Le département méditerrané du Tarn est un pays montagneux, coupé de plateaux élevés. Le climat est fort sain. Les communications se font par la rivière navigable du Tarn, par 33 grandes routes, par 9,300 chemins vicinaux, et par des embranchements de chemin de fer. Le sol est gras, riche et bien cultivé dans les plaines. Le pays est agricole et manufacturier. Il produit des céréales au-delà des besoins, du lin et du chanvre en abondance, de l'anis, de la coriandre, du pastel. « Les vignes produisent 400,000 hectolitres de vin de bonne qualité, dont la moitié est consommée sur les lieux. » L'élève, étendue et productive, donne des chevaux recherchés pour la cavalerie légère, des moutons en grande partie de race améliorée, de nombreuses volailles, des abeilles et des vers à soie. L'exploitation minérale s'exerce sur le fer, l'alumine, le manganèse, la houille. La source minérale de Trébas est assez fréquentée. « L'industrie a pour branche importante les draps fins et communs : draps croisés, cadis, casimirs, flanelles, serges et autres étoffes de laines ; puis viennent les toiles grossières, le linge de table, les siamoises, les molletons, les couvertures, la bonneterie en laine, les liqueurs, les confitures, le verre, les papiers. Le com-

merce s'exerce sur les grains, les vins, les fruits, les
prunes sèches, le miel, la cire, l'indigo, les bestiaux,
le fer, le charbon de terre, le merrain et les futailles. »
Le département du Tarn compte 450 foires. 455 établissements y sont spécialement consacrés à l'industrie, qui,
ensemble avec le commerce, occupe presque le tiers de
la population totale.

Voici quels ont été les exposants de ce département
à notre Exposition industrielle.

BLANC. — Un appareil pour amplification de portraits
phothographiés a été envoyé par M. Blanc, de Gaillac.
Cet appareil a été l'objet de conciencieuses recherches et
donne d'excellents résultats ; avec lui, on est assuré
d'obtenir une précision mathématique.

CASAS, *mécanicien.* — Six appareils destinés aux
usages agricoles ont été exhibés par M. Jean Casas, mécanicien à Gaillac. Ils sont tous habilement conçus et
adroitement construits. Il faut surtout louer le coupe-
racines pour la nourriture des bestiaux et le concasseur
pour les graines oléagineuses.

DANOS FILS AÎNÉ ET C$^{ie}$. — MM. Danos fils aîné et C$^{ie}$,
sont filateurs à Alby. C'est une importante maison industrielle, et son lot, dans la spécialité, est peut être le
plus riche qui ait été exposé aux Jacobins.

DOUGADOS FRÈRES ET SOEUR. — Cette maison s'intitule :
Bonneterie orientale. Et de fait, le lot qu'elle a envoyé
est composé seulement de bonnets tarbouks, tunisiens,
grecs. La fabrication de ces articles est faite avec soin,
à Labruguière.

BAUX. — M. Baux, de Castres, a exposé de la colle-

forte de Carmaux pure. On sait que ce produit est éminemment nécessaire aux menuisiers, aux ébénistes, aux
emballeurs, et qu'il résulte de débris de matières animales, par exemple des rognures de peaux des tanneurs,
que l'on a fait bouillir dans une chaudière. La colle-forte
présentée par M. Baux me paraît bien fabriquée et de
bonne qualité.

DUCROS. — Les faïences de M. Ducros, de Castres,
sont dures et sonores. De bonnes matières premières
soigneusement manipulées, ont seules pu produire cet
heureux résultat.

ELOI FAGET, *taillandier*. — M. Eloi Faget, de l'Isle-
d'Albi, a soumis à l'examen de la commission vingt-
trois tarières de plusieurs dimensions, On sait de qu'elle
utilité sont ces sortes d'outils de fer aux charpentiers,
aux charrons, aux menuisiers, et en général à toute personne voulant obtenir un trou rond dans une pièce de
bois. Les tarières de M. Faget sont faites, on le comprend, par une main dès longtemps familière avec la
confection de ces outils.

BOYER, *tanneur*. — M. Boyer, tanneur à Cordes, a
exposé des cuirs. Cet industriel est plein du vouloir de
bien faire; toutefois, je crois qu'il agit un peu trop
d'après les vieilles routines de la profession : il devrait
modifier quelques-uns de ses procédés.

LARNABÉ. — Nous avions, de M. Arnaud Larnabé, de
Lavaur, une étuve à étuver les cocons. C'est heureusement conçu et bien exécuté; cette étuve est, en un mot,
une bonne fortune pour la sériciculture.

BESSET. — Les produits alimentaires de M. Besset,

d'Albi, prouvent, de la part de cet exposant, de consciencieuses recherches afin d'être utile à ses semblables, et témoignent qu'il a l'intelligence des progrès qui sont un besoin de notre époque. Ses produits sont bons et livrés à des prix modérés.

LAMOTHE. — M. B. Lamothe, naturaliste à Mazamet, a exposé des fleurs desséchées. Je me suis laissé dire par un collectionneur passionné, que les fleurs desséchées de M. Lamothe troubleront son sommeil, jusqu'à ce qu'il sera parvenu à cette perfection pour ses herbiers.

MAMERT-RAVAILH. — M. Mamert-Ravailh est un banquier d'Alby ; mais il paraît qu'il s'occupe également d'exploitation minérale, puisque ce sont des minerais de manganèse qui nous sont venus de lui. On sait que le manganèse est un corps simple métallique, d'un gris blanc, cassant, dur et d'un faible éclat, qui répand une odeur désagréable lorsqu'on le touche avec les doigts humides. Quant à son usage, il sert, en dehors des laboratoires de chimie, dans les verreries, notamment pour détruire la couleur jaunâtre de certains verres. — Les minerais de manganèse de M. Mamert m'ont paru fort riches.

MUSSON AÎNÉ, *horloger*. — M. Musson aîné, horloger de précision à Albi, rue Mariès, avait exposé dans notre grande salle des mouvements et des ébauches faits par ses élèves. Une exposition de travaux exécutés par des élèves sera une excellente chose, toutes les fois qu'il sera possible de constater que la main des maîtres est réellement étrangère à l'exécution de ces travaux ; je crois qu'en cette circonstance ce contrôle n'aurait été que bien

difficilement exercé, surtout à l'égard des élèves de
M. Musson, qui est étranger à la ville, en sorte que la
Commission ne pouvait guère proposer à ces jeunes ou-
vriers de se déplacer pour travailler en sa présence.

OULIAC. — M. Ouliac, dans son plan de théâtre en
huit feuilles encadrées, a tiré tout le parti qui pouvait
l'être d'une halle qu'il s'agirait de transformer en théâtre. Il y aurait bien encore quelques petits changements;
mais ils sont aisés et ne portent que sur des détails de
peu d'importance.

POITEVIN, *pharmacien*. — M. Poitevin, pharmacien à
Mazamet, a envoyé un album de fleurs naturelles. On
comprend que cet album ne peut venir que d'un collectionneur de mérite, et, en raison de la profession de
M. Poitevin, c'est chez lui un talent bien utile.

LUPIAC, *photographe*. — Les photographies de M. Lupiac, d'Albi, ont une grande netteté. Mais, de nos jours,
qui n'est un peu photographe? On ne devrait donc exposer des photographies qu'en tant qu'elles ont été le résultat de quelque procédé perfectionné.

DÉRIVIS. — Depuis que je connais l'encre calamophile
communicative de M. Dérivis, c'est la seule dont l'emploi m'ait été agréable. Il faut observer toutefois qu'elle
opère vite un dépôt sur la plume; mais je ne lui en
fais pas un défaut, comme d'autres l'ont fait : il n'y a
simplement qu'à nettoyer la plume de temps à autre et
surtout lorsqu'on cesse de s'en servir. Un peu plus un
peu moins, ne faut-il pas prendre cette précaution avec
toutes les encres.

BLATGÉ FILS. — Les instruments aratoires de M. Blatgé

fils, de Gaillac, ont réuni les suffrages de tous les agriculteurs qui les ont examinés. Ils sont bien conditionnés
et commodes.

Duclot, *cordonnier*. — M. Duclot, cordonnier à
Lavaur, a exposé des chaussures. On n'a qu'à les examiner, pour demeurer convaincu que l'exposant est un
habile ouvrier, qui a le goût de sa profession.

Farguès. — Les parfumeries de M. Farguès, de Castres,
se recommandent par leur composition soignée. Elles
ont le parfum et la finesse ; et ne peuvent être nuisibles
à la peau par les ingrédients qu'elles contiennent.

Granet. — M. Granet, de Roquemaure, a envoyé de
la pâte de réglisse. C'est un article bien manipulé, qui
ne peut que réussir auprès des consommateurs guidés
par un goût exercé.

Bel et Joël Coulon. — Il s'agit ici d'une découverte
récente : l'essence castraise. Elle est de deux sortes,
l'une est destinée au dégraissage ; elle a l'avantage de ne
pas laisser derrière elle une odeur désagréable, comme
cela a lieu si l'on emploi de la benzine ; mais elle n'est
pas efficace dans tous les cas. Quant à l'essence castraise
pour la peinture, elle a la prétention de remplacer la
thérébentine. Des essais ont été faits ; mais ils n'ont pas
porté la conviction au fond de tous les esprits. Il y a
cependant un mérite incontestable dans cette invention ;
mais sa valeur exacte et le rôle qu'elle est appelée à
jouer ne sauraient encore être sûrement précisés.

Guilbaud. — Je dois une mention spéciale aux draps
de M. Louis-Auguste Guilbaud, de Sémalens (Tarn). Ce
fabricant, dont les produits obtinrent une médaille d'ar-

gent en 1858, est un de ces hommes dignes d'éloges,
qui cherchent constamment le mieux en vue de l'objet
auquel ils appliquent leur intelligence. Sa persévérance
le conduira certainement au succès.

PAGÈS, *lithographe*. — Le cadre de M. Pagès, de Castres, renferme un portrait au crayon par un procédé qu'il
a créé pour l'imitation de la gravure à la roulette. Il
contient aussi plusieurs échantillons d'écriteaux pour
chemins de fer, des dessins pour boîtes d'allumettes, des
portraits-charge, etc. Un journal de Toulouse a dit de
lui : « M. Pagés est plus qu'un habile lithographe : c'est
un artiste, un caricaturiste distingué. »

## 8° HÉRAULT.

Le département maritime de l'Hérault est montagneux
au nord et à l'ouest, où il est traversé par une section des
Cévennes méridionnales ; les côtes sont basses et forment,
dans une longueur de 60 kilomètres, de vastes lagunes
ou étangs communiquant à la mer par des goulets étroits,
dits *grau.* » Le climat, doux et salubre dans une partie
du département, est malsain sur les plages marécageuses.
Les voies de communication sont l'Hérault, le Mosson,
l'Orb, la Salaison ; les canaux du Midi, de Cette, des
Étangs, du grau du Lès, de Graves, latéral à l'étang de
Mauguis, de Lunel, d'Agde, de la Peyrade, de la Radelle,
de la Robine-de-Vic, de Peyrols ; 24 grandes routes ;
1,100 chemins vicinaux ; les chemins de fer de Montpellier à Cette, de Nîmes à Montpellier. Le sol est fertile
en général. C'est un pays agricole où la culture est

avancée. Les céréales sont insuffisantes dans ce département; mais il produit des fourrages, des oliviers, des fruits du Midi, du ricin, des vins estimés pour les mélanges. Il se fait une élève assez importante de moutons, de vers à soie et d'abeilles. La pêche côtière est active; on pêche beaucoup les sardines. L'exploitation minérale a pour objet le fer, le cuivre, la houille, le lignite, le sel marin, des marbres abondants et forts beaux, le gypse, le pouzzolane, l'argile à poterie, les terres alumineuses, les cendres fossiles. On cite les sources minérales de Balaruc, de la Malou, d'Avesne. L'industrie fabrique plus de 200,000 hectolitres par an d'eau-de-vie fort estimée, « des draps, des tissus de soie et de coton, la bonneterie de soie, les liqueurs et les parfums, le vert-de-gris et les produits chimiques, les cuirs, l'huile de ricin, les bouchons de liége, les papiers, la poterie, la bougie. Le commerce exporte en grand les vins et les eaux-de-vie; puis les fruits, le sel, le bois, la cire et le miel, les produits confectionnés. Le département de l'Hérault compte 100 foires. 1,495 établissements y sont spécialement consacrés à l'industrie qui, conjointement avec le commerce, occupe plus du quart de la population totale, c'est-à-dire presque autant que l'agriculture.

Voici quels ont été les exposants de ce département :

BUREAU, *mécanicien*. — Le lot de M. Bureau, mécanicien à Puisserguier, se compose de cinq appareils, tous relatifs au service de la cave : un fouloir à cylindre, une petite grue pour monter la vendange ou autres objets, un petit wagon automatique, une petite voie ferrée portative pour le service de la cave, enfin un pressoir à raisins mobile, nouveau système de l'exposant. Je ne saurais lequel louer le plus de tous ces appareils, dont chacun a sa destination spéciale et est d'une utilité incontestable dans tous les pays vinicoles; M. Bureau est un mécanicien de mérite, qui a tenu une des places les plus honorables à notre Exposition.

SALLES, *armurier*. — M. Salles, armurier à Béziers, a exposé des fusils de façon. Cet ouvrier a de bonnes qualités; encore quelques recherches et de la persévérance, et ce sera un armurier des plus distingués.

ANDRÉ GIRAUD. — M. André Giraud, armurier à Béziers, a également concouru pour des fusils. Je dirai de lui, ce que je viens de dire de M. Salles.

ADRIEN ARNAL. — M. Adrien Arnal a envoyé une fort ingénieuse machine pour arrêter sans choc les trains de chemins de fer. Il y a là une bonne inspiration et aussi, je le crois, une idée féconde; malheureusement, on comprend que nous ne touchons pas encore à la réalisation, qui rendrait d'immenses services à l'humanité.

VERNET FILS. — Nous avons eu un lot des produits chimiques de M. Vernet fils, de Poussan. Ces produits sont purs, d'excellente qualité, bien traités; ils sont dignes à tous égards d'être appréciés.

A. BOUSQUET. — M. A. Bousquet, de Cette, quai du Pont-Neuf, 14, a soumis au Jury du carbonate de potasse, de l'alun et du savon vert. On sait que nous tirons de l'étranger presque tout le carbonate de potasse, ou potasse du commerce; et, cependant, ce corps solide, gris ou blanchâtre, friable, d'une saveur âcre et caustique, a d'importants et nombreux usages; pour le blanchissage du linge et de presque tous les tissus, parce qu'il a la propriété de dissoudre les matières organiques, grasses ou colorantes, qui salissent les étoffes ; dans la fabrication des savons mous, du verre, du nitre, de l'alun, de l'eau de javelle, et de bien d'autres articles nécessaires. On ne saurait donc trop encourager la production de la potasse en France. Celle qu'a exposée M. Bousquet donne d'excellents résultats ; je n'en veux pour preuve que le savon vert et l'alun qui l'accompagnent dans ce lot.

S. VERNIÈRE. — Les cuirs et les peaux de M. Vernière, d'Aniane, sont les plus beaux produits de cette spécialité que nous ayons vus à l'Exposition ; je puis même dire qu'ils ont de beaucoup été au-dessus de tous ceux qui étaient en concurrence avec eux. Voilà comment devraient être tous les cuirs produits dans le Midi, et nous serions assurément les rois de cette industrie.

CAUQUIL. — Le ciment de M. Cauquil, de Bédarieux, est bien travaillé ; toutefois, je crois qu'il demanderait encore quelques perfectionnements de détail ; par exemple, il ne me semble pas assez susceptible de poli.

POUJOL. — Il s'agit encore de ciment et il nous est également venu de Bédarieux, au nom de M. Poujol. Ce produit s'intitule : ciment romain. Je sais bien que M. Morot, en 1831, découvrit une espèce de mortier analogue au ciment romain, le ciment hydraulique de Moleine. Mais dire « ciment romain » purement et simplement, c'est s'obliger à beaucoup ; et je ne crois pas que le produit de M. Poujol réalise absolument toutes les promesses comprises implicitement dans le nom dont il se pare, — tant s'en faut. Il y a là du bon, mais dans les conditons ordinaires où se placent les autres ciments, avec plus de modestie et de raison.

JACQUES ANDRÉ. — Les sirops de M. Jacques André, de Clermont, sont soigneusement composés. Avec des recherches nouvelles et de la persévérance, M. André arrivera aux meilleurs résultats, en sa spécialité.

FABRE BIMON. — M. Fabre Bimon, de Montpellier, a exposé du vin rouge et du vin blanc et 9 bouteilles vides. Ce lot témoigne des soins que M. Bimon donne à ces sortes de produits, dont l'importance commerciale est si grande dans son département.

HENRY PASTRÉ. — Les éloges que je viens d'adresser à M. Bimon, je puis les adresser aussi à M. Henri Pastré, de Cazouls-les-Béziers, pour son vin muscat, qui, assurément, se fera un légitime renom.

FÉLICIEN RAYMOND. — C'est plutôt un objet d'art, à mon avis, qu'un objet d'industrie que la statue en zinc repoussée au marteau, dont M. Félicien Raymond, d'Héripian, est l'auteur. Quoi qu'il en soit, c'est un beau travail.

SAIGNIER ET Cᶦᵉ. — Les instruments de pesage de MM. Saignier et Cᶦᵉ, de Montpellier, sont bien conçus et habilement construits; ils jouissent d'une grande faveur qui est largement méritée.

BENOIT SIPIÈRE. — Les échantillons de vins euvoyés par M. Benoît Sipière, de Puisserguier, ont été choisis avec discernement. La cave qui les a fournis doit être des mieux aménagées et des mieux pourvues.

GRADINEL. — M. Gradinel, de Pézenas, a exposé des

outils à soufrer la vigne. Le soufrage étant une opération très répandue et très utile dans le Bas-Languedoc, les efforts de M. Gradinel sont louables sous tous les rapports.

## 9° AUDE.

Le département maritime de l'Aude est un pays montagneux, situé sur le versant septentrional des Pyrénées et sillonné par leurs nombreuses ramifications. Les côtes sont basses et forment une suite de lagunes et d'étangs communiquant avec la mer. Le climat est très varié ; l'automne y est ordinairement d'une grande beauté. Les voies de communications sont : les canaux du Midi, de la Robine, de Carcassonne, de Ste-Lucie ; 29 grandes routes ; 2,200 chemins vicinaux ; 195 kilomètres de chemins de fer sont en circulation sur la ligne de Bordeaux à Cette, section de Toulouse à Carcassonne et de Carcassonne à Béziers. Le sol, qui est fertile, est cultivé par des bœufs et par des mulets. Le pays est agricole et manufacturier. Il produit des céréales au-delà de la consommation, des maïs, des olives, d'excellents fruits. Les vins sont en général spiritueux et de très bons vins d'ordinaire. Il se fait une élève étendue de moutons et d'abeilles. La pêche côtière est active. L'exploitation minérale se fait pour de beaux marbres, des pierres à chaux hydrauliques, des pierres lithographiques, du gypse, du fer, de la houille, du jayet, le sel des salines de Sigean. Les sources minérales de Rennes et de Campagne sont les plus fréquentées. « L'in-

dustrie a pour branches importantes les draps et lainages depuis longtemps renommés, l'extraction et
l'affinage du fer, le travail d'un acier d'excellente qualité et
que l'on convertit en limes, rapes : puis les eaux-de-vie,
les farines, les papiers, les cuirs, la tournerie, les peignes. Le commerce exporte principalement les grains,
les farines, les vins, les eaux-de-vie, les liqueurs, le
miel, la laine, les draps et lainages, et les articles de fer
et d'acier. » Il se tient, dans le département de l'Aude,
170 foires. L'industrie détient 580 établissements spéciaux, et le nombre des industriels et des commerçants
réunis est de près du tiers de la population totale.

Voyons, maintenant, quels ont été les exposants du
département :

Tristan Delcasse. — M. Tristan Delcasse, au château de Lauraguel, près de Limoux, est un intelligent
jeune homme, qui ne demande qu'à marcher avec son
époque, au point de vue des progrès pratiques réellement utiles. Propriétaire d'une belle propriété, déjà grandement améliorée par son père, M. Tristan Delcasse a
compris que l'agriculteur doit aussi être industriel et en
outre négociant pour ses produits. Pour être convaincu
de la vérité de mes assertions, il suffit d'avoir examiné,
à l'Exposition, le beau lot de toisons de brebis mérinos
exhibé par cet exposant et les vins de son crû qu'il a
envoyés au concours.

Lucien Léguevaque. — Dans ces derniers temps, en
raison de l'oïdium, toute l'activité des propriétaires du
Bas-Languedoc s'était tournée vers les remèdes à donner
à cette plaie de la vigne. Le soufre ayant ensuite été gé-

néralement accepté, on s'était vivement préoccupé de sa qualité et de sa fabrication sur place. C'est dans ces circonstances que M. Lucien Léguevaque, de Conques, parut avec ses soufres triturés. Ils eurent et ils méritaient d'avoir un grand succès de vogue.

MARTY-PARAZOLS. — C'est encore avec un lot de soufre qu'a concouru M. Marty-Porazols, de Narbonne. Si j'étais viticulteur, je donnerais la préférence à celui de M. Léguevaque.

PASSEBOSC. — J'en dis autant à l'occasion du soufre brut et pulvérisé de M. Passebosc; il me paraît inférieur à celui de M. Léguevaque, qui est son concurrent dans la même localité, à Conques.

ANTHOINE. — M. Philippe Anthoine, armurier à Narbonne, aime sa profession ; ses fusils Lefaucheux prouvent qu'il a compris les exigences de son temps et qu'il tient à les satisfaire, quant aux objets qui ressortissent à sa spécialité.

BOUTET FILS. — Les plâtres de M. Boutet fils, de Lézignan, doivent être d'un emploi avantageux; ce sont des produits bien tenus.

PINSARD. — M. Pinsard, de Montredon, a exposé une hotte à soufrer la vigne. C'est une ingénieuse amélioration qui n'a pu manquer de trouver déjà grand nombre d'appréciateurs dans un pays de vignes, comme celui qu'habite l'exposant.

PRADEL. — Les briques de M. Pradel, de Carcassonne, rendent un son clair lorsqu'on les frappe. C'est-à-dire qu'elles sont de qualité supérieure.

BEL ET GUIRAIL. — J'emprunte à un journal de

Toulouse ce qui a été dit, par un judicieux critique, des
objets exposés par MM. Bel et Guirail, fabricants bien
connus de poterie, à Carcassonne. « Nous avons de ces
estimables industriels des corbeilles, des culs de lampe,
des cloches, des terrines et des bordures. Les échantillons qu'ils ont envoyés dénotent une fabrication intelligente et soignée ; leurs prix sont raisonnables ; aussi
ne pouvons-nous que féliciter MM. Bel et Guirail,
d'avoir résolu cet important problème : la réunion du
bon marché et d'une confection irréprochable. »

FALCOU, *serrurier*. — J'emprunte au même critique
son appréciation sur M. Falcou, entrepreneur de serrurerie à Carcassonne. « M. Falcou a présenté une serre
en fer et des modèles de châssis de couche. La serre,
dressée dans le jardin des Jacobins, est établie dans de
bonnes conditions; ses dispositions et aménagements intérieurs sont bien distribués, ses proportions sont régulières et l'aspect en est satisfaisant. D'où nous concluons
que M. Falcou est un ouvrier habile et intelligent. Ses
châssis de couche méritent aussi une mention particulière. »

VIGUIER. — M. Viguier, de Conques, a soumis au
Jury une herse. Cet appareil est commode et construit
avec soin ; il ne peut que rendre de bons services.

EUGÈNE ANDUZE. — C'est un engrais de corne pure
qui a été exposé par M. Eugène Anduze, de Chalabre.
Quelle est l'action puissante de cet engrais, personne ne
l'ignore ; seulement il est difficile de le produire en
abondance, et il devient d'un emploi coûteux.

VILLAC FRÈRES. — MM. Villac frères sont distilla-

teurs à Lézignan ; ils ont concouru pour leurs liqueurs.
Ces Messieurs sont dans une position, sous le rapport
du pays, à bien faire. Du reste, je dois ajouter qu'ils y
font tous leurs efforts.

M<sup>me</sup> DELMAS. — M<sup>me</sup> Delmas, de Carcassonne, a
exposé une taie d'oreiller, une brassière, un jupon, des
bavettes et des couvre-pieds piqués au coutil. C'est une
ouvrière qui me semble produire des objets très variés
et qui les produit bien.

VERGUET. — M. L. Verguet, chanoine honoraire à
Carcassonne, est un amateur passionné de numismati-
que. D'un autre côté, le musée de Carcassonne possède
une belle collection de monnaies anciennes. M. Verguet
a eu l'heureuse idée de faire photographier, pour en
envoyer les images ressemblantes à notre Exposition, les
monnaies romaines et les monnaies féodales du musée.
En cela, il a eu encore un but, dont on doit le louer
hautement : celui d'utiliser la photographie au profit
des études numismatiques.

## 10° PYRÉNÉES-ORIENTALES.

Le département à la fois frontière et maritime des
Pyrénées-Oientales est couvert par la partie orientale
des Pyrénées et les contreforts qui en dépendent. Toutefois, il y a peu de neiges, en sorte que les froids sont
à peine sensibles et que le climat est magnifique. Le
département a les quatre canaux de Perpignan, de Mil-
las, du Tech et de la Tet ; on compte treize grandes
routes et 113 chemins vicinaux. Le chemin de fer de

Narbonne à Perpignan a 18 kilomètres dans le département; celui de Perpignan à la frontière d'Espagne, par Port-Vendres, est en construction. Le pays est agricole. En outre des céréales au-delà des besoins, il produit l'olivier, les châtaigniers, le liége, d'excellents légumes, des fruits de toute espèce. Les vins, pour lesquels on cite plusieurs crûs renommés, sont livrés à l'exportation pour une quantité qui dépasse la moitié; chacun sait qu'elle est la faveur dont jouissent les vins vieux ou *rancios* du Roussillon. L'élève des bestiaux est importante; en dehors de la bergerie nationale formée à Perpignan en 1800, on élève des chevaux d'une belle espèce, des mulets, des moutons, des chèvres du Thibet, des abeilles, des vers à soie et une grande quantité de volailles; on fait une pêche active du poisson de mer et de celui d'eau douce. L'exploitation minérale donne du fer abondant, du lignite, du cuivre, du plomb argentifère, du bismuth, de l'alun; on cite de riches carières de marbre, d'albâtre, d'ardoises. On estime les sources minérales d'Amélie, de Molitg, du Vernet.

« L'industrie a pour branche principale la fabrication du vin; viennent ensuite le fer, les cuirs et peaux, les draps communs, la bonneterie, les eaux-de-vie, les bouchons de liége, l'huile d'olive. Le commerce est fort actif; il exporte les vins et eaux-de-vie, les fers, les draps et les produits fabriqués. On n'importe guère que les marchandises nécessaires à la consommation. Le commerce de transit se fait sur les côtes, quoique le seul établissement maritime important soit Port-Vendres. « Le département compte 40 foires. Les Pyrénées-Orientales

ont 304 établissements spécialement consacrés à l'industrie; le nombre des industriels et des commerçants
réunis est le tiers de celui des agriculteurs.

Parmi les exposants de cette année, je ne trouve
qu'un seul nom de ce département : c'est celui de
M. Pierre Bardou, de Perpignan, le fabricant si connu
du papier Job, dont la vogue, depuis des années déjà
si grande, s'accroît de jour en jour. Il est vrai de dire
que si ce papier à cigarette jouit d'une faveur sans précédent et sans égale, en sa spécialité, et cela malgré la
concurrence la plus active, c'est que M. Pierre Bardou
ne néglige rien pour être toujours le bien-venu auprès
des fumeurs. Il fait, et on ne saurait trop l'en louer, il
fait le contraire de bien d'autres qui, une fois connus,
profitent de leur renom pour réaliser promptement un
bénéfice, en trompant le consommateur, auquel ils livrent alors des produits inférieurs en qualité à ceux qui
les avaient fait connaître avantageusement. Il y a une
conscience industrielle; elle a ses bonnes inspirations
et ses écarts, et j'ose dire grandement dignes de la considération et de l'estime publiques ceux qui, comme
M. Pierre Bardou, n'écoutent que ses bons conseils.

# RÉGION DU SUD-EST ET CORSE

## 1° HAUTE-LOIRE.

Le département méditerrané de la Haute-Loire est un pays très élevé, appuyé aux Cévennes. Le climat est rigoureux. Les voies de communication sont les rivières flotables de la Loire et de l'Allier, 18 grandes routes; 3,850 chemins vicinaux. Le pays est agricole, mais le sol est presque partout stérile; aussi les céréales sont-elles insuffisantes. Quant aux vins, ils suffisent à peine aux besoins et sont de qualité commune. Les prairies seules sont nombreuses; ce qui fait qu'une élève assez considérable se porte sur les abeilles, les vers à soie, les chevaux, les mulets, le gros bétail. Quand à l'exploitation minérale, elle donne de la houille, du gypse, de l'antimoine, de belles pierres de taille et des moëllons, de l'argile. « Les seules fabrications un peu importantes sont celles des dentelles et blondes, et des rubans. Viennent ensuite les peaux, les papiers, les soies organisées, les outres à vin, les lainages communs, la poterie. Le commerce consiste en bois, houille, bestiaux, dentelles et rubans. Riche herborisation. Emigration annuelle de 3,000 ouvriers, scieurs de long, colporteurs, terrassiers, commissionnaires. » Il se tient dans la Haute-Loire 300 foires. L'industrie compte 176 établisssments spéciaux ; elle occupe à peine, ensemble avec le commerce, le cinquième de la population totale.

Je ne trouve aucun exposant de ce département.

## 2° ARDÈCHE.

Le département de l'Ardèche est situé à l'intérieur des terres. La patrie de Montgolfier et d'Olivier de Serres est un pays très montagneux, où le climat est très variable ; « chaud dans la vallée du Rhône, tempéré au nord, très âpre dans les montagnes, où l'hiver dure six mois. » Les voies de communication sont : le Rhône et l'Ardèche, comme rivières navigables ; 35 grandes routes ; 2,500 chemins vicinaux ; 32 kilomètres de chemins de fer sont en circulation. Le pays est agricole et manufacturier. La récolte des céréales est insuffisante ; mais on trouve des arbres fruitiers de toute espèce, des forêts de châtaigners qui donnent les marrons dits *de Lyon*, des truffes, des olives. Les vins sont presque entièrement livrés à l'exportation ; ils s'élèvent à une quantité de 300,000 hectolitres, ils sont très estimés, et on en cite plusieurs qui sont excellents, tels que les rouges de Cornas et les blancs de Saint-Péray et de l'Hermitage. Il se fait dans l'Ardèche une élève importante, surtout de moutons et de chèvres, de vers à soie, d'abeilles. L'exploitation minérale donne de la houille, de l'anti-

moine, du fer, de beaux marbres, des pierres de taille,
de l'argile. On estime les sources minérales de Vals et
de Saint-Laurent. » L'industrie manufacturière est assez
développée : ses produits renommés sont les soies filées,
les papiers d'Annonay et les peaux mégissées. Elle fabrique des draps et des lainages, des tissus de filoselle,
des chapeaux de paille, de l'huile de noix, du kirch-
wasser; on compte plusieurs hauts-fourneaux et des affi-
neries de fer. Le commerce consiste en soies grèges et
filées; en vins, en peaux, en papiers, en bestiaux gras,
en marrons, en cire et miel, en bois et planches. » Il
se tient dans ce département 400 foires. Il se trouve dans
l'Ardèche 529 établissements spécialement consacrés à
l'industrie; le nombre des industriels équivaut environ
au cinquième de la population totale.

Voici les exposants.

CHAMBON. — M. Chambon, de la Voulte, a soumis
au Jury un système de sommier élastique. L'idée a son
bon côté, et ce sommier est susceptible d'une certaine
élégance. Toutefois, je crois que M. Chambon ne peut
être rangé qu'après quelques-uns de ses concurrents.

FOUGEIROL. — M. Fougeirol, des Ollières, a exposé
de l'eau minérale de Moléon : Les eaux minérales, je
l'ai déjà dit quelque part, sont appelées à devenir une
branche d'industrie de plus en plus importante; il sera
donc nécessaire de connaître la valeur de chacune de
ces eaux, comme il est nécessaire de savoir discerner,
à propos des autres liquides, les qualités inférieures des
qualités supérieures. On doit donc savoir gré de leur

initiative intelligente aux hommes qui préparent les voies pour ce temps prochain, et M. Fougeirol est du nombre.

## 3° DROME.

Le département méditerrané de la Drôme est un pays de montagnes, couvert des derniers contreforts des Alpes qui encaissent la vallée du Rhône. Le climat est tempéré et les étés sont chauds ; aussi la végétation est-elle d'une richesse remarquable. Les voies de communication sont les rivières navigables du Rhône et de l'Isère ; 10 grandes routes ; 4,900 chemins vicinaux ; 132 kilomètres de chemins de fer sont livrés à la circulation. Le pays est agricole et manufacturier ; mais la culture qui se fait avec des mulets et des ânes, est arriérée. Pourtant, les céréales sont suffisantes ; on récolte, en outre, du maïs, les fruits du Midi, des truffes noires, de l'huile de noix et d'olives, des châtaignes, de la garance. Les vins du Rhône sont classés parmi les plus fameux ; la quantité, pour le département de la Drôme, est de 310,000 hectolitres. Il se fait une élève fort étendue de vers à soie, qui sont l'une des principales richesses du pays, de volailles et d'abeilles. L'exploitation minérale donne : du fer, de beaux marbres blancs, du granit, du grès à meule, des pierres de taille, du gypse, de la craie, de la pierre à chaux, du sable pour verreries, de l'argile à creusets, à faïence et à poterie, de la terre à porcelaine. On cite les sources minérales de Dieu-le-Fit, de Propiac, de Montbrun. « L'industrie a pour branches considérables : le filage de la soie, la fabrication de lainages communs, de la poterie, de la gresserie, de la porcelaine, de la faïence, des creusets, des tuiles et briques; la préparation des cuirs, des peaux mégissées et des maroquins; la fabrication du sucre de betterave, des soieries, de la bonneterie, des cotons, des gants de Valence, des cordages. Le commerce exporte les verres, les soies, la poterie, les bois, les porcs gras et les produits fabriqués. » Le département de la Drôme compte 420 foires. L'industrie y détient 825 établissements, et elle occupe, ensemble avec le commerce, un quart des habitants.

Ce département n'a eu à notre exhibition qu'un seul exposant.

Faure et Garambois. — MM. Faure et Garambois, de Romans, ont concouru pour des tapis de pied. Le dessin flatte l'œil, le tissu est irréprochable; c'est un beau travail, suffisant pour donner une excellente idée de la fabrication hors ligne des exposants.


## 4° GARD.

Le département maritime du Gard est « un pays très élevé à l'ouest, où il est traversé par le faîte des Garrigues qui se rattache aux Cévennes, et est couvert au nord des contreforts de cette chaîne. Les côtes sont basses et sillonnées de lagunes, appartenant à la Crau-d'Orgon, île déserte et caillouteuse comme la Camargue, et en partie couverte de pins et de beaux pâturages. » Le climat est chaud, mais soumis à des variations brusques par suite de vents impétueux. Les voies de communications sont les rivières navigables du Rhône et de l'Ardèche, 7 canaux, 38 grandes routes, 2,000 chemins vicinaux ; les chemins de fer de Nîmes à Montpellier, d'Alais à Beaucaire et d'Alais à la Grand'Combe. Le pays est agricole et manufacturier. On y fait, dans les Cévennes, des irrigations bien entendues. Les céréales sont insuffisantes ; mais on récolte en abondance les châtaignes et les fruits du Midi, et la culture des oliviers et des mûriers est importante. « La branche la plus importante de l'industrie agricole est la récolte des vins, surtout des vins rouges les meilleurs du Languedoc. » Le pays produit encore la garance, les betteraves. L'élève est considérable en chevaux, mulets, gros bétail, moutons ; « mais les vers à soie sont le grand produit de l'élève et l'une des richesses du département. » L'exploitation minérale, qui est importante, donne les sels des marais de Peccay, de la houille, du lignite, du fer, du plomb, de l'antimoine, du zinc, du vitriol de fer, de l'alun, un peu d'or dans le Gardon et la Cèze, du gypse. Les sources minérales les plus fréquentées sont celles de Fonsanches et d'Uzet. « L'industrie a mis ce département au premier rang dans le Midi. Sa branche la plus considérable et la plus renommée est la fabrication des tissus de soie, soie et laine, et soie et coton, dont Nîmes est le siége. Elle occupe 15,000 métiers. Viennent ensuite les métaux, les eaux-de-vie, les esprits, la poterie, les tuiles, les verres. Le commerce consiste en tissus de Nîmes, vins, eaux-de-vie, fers, laines, peaux fines et légères, huiles. Nîmes est le centre d'une

exportation considérable de graines oléagineuses et légu-
mineuses, des plantes médicales et tinctoriales. Il y a
105 foires dans le département du Gard. L'industrie a
1,103 établissements qui lui sont spécialement consacrés,
et l'on compte plus de 125,000 industriels et commerçants réunis, ce qui est près du tiers de la population
totale et équivaut à plus de la moitié du nombre des agriculteurs.

Il me reste maintenant à examiner quels ont été les
exposants de ce beau département.

F. Pichon. — Je dois signaler spécialement les produits réfractaires de M. F. Pichon, dont la fabrique est
à Uzès, dans le Gard. Ces produits n'occupent pas beaucoup de place et sont un peu trop confondus avec les
porcelaines et les cristaux des exposants dont je viens de
parler. Mais ils sont remarquables à bien des titres, et
les potichomanes (j'entends la signification du mot) les
ont certainement admirés.

Comte d'Avejan. — M. le comte d'Avejan, de Sauve,
mérite un mention toute particulière pour son bel envoi
composé de minerai de soufre, de charbon lignite et de
pierre de taille.

Bernassau cousins. — Le billard exposé par MM. Bernassau cousins, de Nîmes, rue Sainte-Eugénie, 3, est
une œuvre d'art veritable; il serait, en son genre, sans
rival à l'Exposition, si M. Bacus n'avait su nous en montrer un exceptionnellement beau.

André. — M. André (Jean), de Nîmes, nous a fait
connaître une émondeuse, qui est un instrument fort

13

ingénieux et appelé à rendre de grands services à l'arboriculture.

DAVID BEAU ET FILS. — Ce sont des produits asphaltiques qui ont été soumis à l'appréciation du Jury par MM. David Beau et fils, d'Alais. C'est là une bonne idée; les bitumes rendent des services si nombreux, qu'une place leur est toujours due dans les Expositions. Du reste, les produits envoyés par MM. David Beau et fils sont des plus remarquables.

THOLOZAN ET C$^{ie}$. — La bonneterie et tous les articles que l'on a coutume de comprendre sous ce titre constituent l'industrie de MM. Tholozan et C$^{ie}$, de Nîmes. C'est une maison recommandable à tous les titres, qui sait produire beaucoup, vite et bien, et qui ne perd jamais de vue les exigences des modes du moment.

ESPÉRANDIEU FRÈRES. — Les frères Espérandieu, de Nîmes, qui ont à Toulouse un intelligent représentant, M. Lacarolle fils, place du Capitole, font le même article que MM. Tholozan et C$^{ie}$, avec lesquels ils peuvent dignement soutenir toute comparaison. Leur lot de résilles est des plus variés et des plus soignés.

ROUVIÈRE-CABANNE. — M. Rouvière-Cabanne, de Nîmes, rue Auguste, 6, a exposé de la pierre de construction. Ce n'est certainement pas un lot fait pour attirer l'attention des visiteurs désœuvrés; mais il n'en est pas moins méritant, en raison de l'utilité journalière de la matière exhibée.

CHARDOUNAUD ET DUCOS-ODRAT. — Les sucs de réglisse qu'ont exposé MM. Chardounaud et Ducos, de Nîmes,

me semblent être bons ; mais je leur préférerais ceux
de MM. Carenou et C^ie^.

B. Carenou et C^ie^. — Le bois et le suc de réglisse est ,
pour certaines parties du midi de la France, l'objet d'une
branche d'industrie importante. On sait que la réglisse
est une plante dont la variété, qualifiée officinale, croit
en abondance dans plusieurs de nos départements méridionaux. Quant aux usages de la réglisse , ils sont encore
plus connus. MM. Carenou et C^ie^ , de Moussac, se recommandent par le choix et les soins dont ce produit
est l'objet dans leur établissement.

### 5° VAUCLUSE.

Le département méditerrané de la Vaucluse est couvert
en grande partie par les montagnes. Le climat est sain
et tempéré, et les froids sont fort passagers. Les voies
de communication sont le Rhône , les canaux de la Durance , de la Durançole , de Trillon ; 28 grandes routes ;
les chemins de fer d'Avignon à Marseille , de Lyon à
Avignon. On compte de nombreux canaux d'irrigation ,
des réservoirs d'eaux pluviales. La culture se fait par des
chevaux et des bœufs. Le pays est agricole et manufacturier. Les céréales sont insuffisantes ; mais il y a production de fruits de toutes sortes, et l'on trouve de
nombreuses pépinières. La garance est cultivée en grand ;
on récolte l'olive , les plantes aromatiques et médicinales.
Il y a excédent considérable de vins. L'élève est étendue pour les moutons , les abeilles et les vers à soie ; les
bêtes à cornes et les chevaux sont médiocres ; on pêche

beaucoup de poisson. L'exploitation minérale s'exerce sur le fer, la houille, le lignite ; de belles et nombreuses carrières de pierres à bâtir, des bancs de gypse abondants produisent d'excellents plâtres, le grès, l'argile, la terre à porcelaine, le sable. Il y a des sources salées, et l'on estime les sources minérales de Vacqueyras, d'Aurel, de Gigondas, de Velleron. « L'Industrie fabrique principalement la soie, la garance (plus de 4,500 quintaux par an), les étoffes de laine, les indiennes, l'huile d'olives, les essences, les savons, le safran d'Orange, les produits chimiques, le lin, le chanvre, les cuirs, les papiers. Le commerce est considérable en grains, farines, légumes, vins, eaux-de-vie, fruits du Midi, et produits fabriqués. » Il se tient 180 foires dans la Vaucluse. Ce département a 564 établissements consacrés à l'industrie, qui, ensemble avec le commerce, occupe le quart de la population totale.

Voici les exposants :

BON FILS. — M. Bon fils, de Caderousse, a concouru pour ses cafés. Je ne leur trouve pas la même valeur que nous connaissons à ceux de M. Rouzoul, de Toulouse.

LAFORCE — Nous avons eu de M. Laforce, de Bollène, des terres et sables de cette ville, renommée pour la considérable fabrication qui s'y fait de briques réfractaires et de tuyaux. L'examen du lot de M. Laforce suffirait pour convaincre les plus incrédules que Bollène mérite sa réputation.

CHAUVET. — M. Chauvet (Léon), d'Orange, a exposé des fourches. C'est un outil bien vulgaire, mais incontestablement d'une grande utilité ; et il y a, pour les

fourches, comme pour toute autre chose, celles qui sont
bien faites et celles qui ne le sont pas. Les fourches de
M. Chauvet appartiennent à la première de ces deux
catégories.

LAJARRIGE ET C<sup>ie</sup> — Une mention toute particulière
doit être faite des minerais en bloc et en poudre qu'ont
fait parvenir MM. Lajarrige et C<sup>ie</sup>, d'Apt. Ce sont de
magnifiques spécimens, qui prouvent une fois de plus
combien le sein de la terre doit recéler encore d'éléments
de richesse que nous ne pouvons connaître.

## 6° BASSES-ALPES.

Le département frontière des Basses-Alpes est « un
pays très élevé et couvert de montagnes dans presque
toute son étendue. Le climat est sain, mais rigoureux,
surtout à Barcelonnette; l'air est vif et pur; la température est rendue très variable à cause du voisinage des
Alpes. » Les voies de communication sont 28 grandes
routes et 1,200 chemins vicinaux; dans les parties mon-
tagneuses, le transport se fait à dos de mulet. « Les
montagnes et les bruyères occupent un espace de
1,012,179 hect. » Le pays est agricole et pasteur; il produit une quantité sufisante de céréales et de bons vins
rouges d'ordinaire, des fourrages, du lin, du chanvre,
des truffes; des arbres fruitiers, des plantes aromatiques
et médicinales, des beaux pâturages qui reçoivent en été
d'innombrables troupeaux transhumants des départements voisins. L'élève est considérable en moutons,
ânes et et mulets, abeilles, vers à soie. Il faut rapporter

à l'exploitation minérale le fer, le plomb, l'alun,
le lignite, des gîtes d'enthracite, de bitume, l'argile
à potier, les ardoises, le marbre vert des Alpes, les
pierres de taille, des mines de sel gemme non exploitées.
On cite les eaux minérales de Dignes, de Gréoux, de
Dauphins, et de Manosque. « L'industrie manufacturière est arriérée dans ce département; elle fabrique
des toiles, des draps, des cadis, des gasquets, quelques
soieries, de la laine commune, des papiers, des cuirs,
de la faïence blanche, des bouteilles, des briques, des
tuiles, du plâtre, des fruits confits, des eaux-de-vie et
des eaux distillées aromatisées. Le commerce consiste
en vins, fruits secs et confits, bestiaux, cire, miel,
draps et toiles, plantes aromatiques et eaux distillées. »
Le département des Basses-Alpes a 140 foires. L'industrie y a 431 établissements; le nombre des industriels,
en y ajoutant celui des commerçants, ne constitue que
la septième partie des habitants.

Ce département n'est pas représenté à notre Exposition.

## 7° HAUTES-ALPES.

Le département méditerrané et frontière des Hautes-
Alpes est couvert de montagnes dans toute son étendue;
c'est un sol très élevé, appuyé au faîte occidental des
Alpes. Le climat est sain, l'air pur, la température extrê-
mement variable; la neige est constante au sommet des
Alpes. Les voies de communication consistent en 6 grandes routes et 1,100 chemins vicinaux. Le sol, en général

ingrat et stérile, est cultivé par des chevaux et des mulets ;
il produit de bons pâturages. Le pays est agricole ; les
céréales récoltées suffisent aux besoins des habitants, qui
font venir, en outre, du lin, du chanvre, des châtaignes,
des fruits. Les vins ne suffisent pas à la consommation ;
on estime ceux des bords de la Durance et un bon vin
blanc appelé clarette de Saulce. Il se fait une élève particulière de moutons qui transhument des départements
voisins. L'exploitation minérale donne du fer, de beaux
marbres, des granits, des pierres lithographiques, du porphyre, de la serpentine, du cristal de roche, du graphite,
de la craie de Briançon, de la pierre ollaire, de la houille.
On cite les sources minérales du Monestier, de Saint-
Pierre. « L'industrie manufacturière est presque bornée
à la fabrication d'articles pour les besoins locaux : draps
et lainages, ferronnerie, boissellerie, tissus de soie unis,
nombreuses scieries de planches, fromages. Le commerce exporte des bestiaux, des laines et lainages, des
bois et planches. Il se fait une émigration annuelle d'ins-
tituteurs, de colporteurs, de peigneurs de chanvre, de
bergers, de cultivateurs, de mégissiers. » 190 foires
ont lieu dans ce département. L'industrie y détient 430
établissements spéciaux ; les industriels réunis aux commerçants n'y forment que le huitième de la population
totale.

Ce département n'a eu aucun exposant à l'exhibition
actuelle.

## 8° BOUCHES-DU-RHONE.

Le département maritime des Bouches-du-Rhône est
« un pays montagneux dans une très grande partie de
son étendue à l'est, où les ramifications des Alpes forment des plateaux stériles: au contraire, de vastes plaines alluviales s'étendent le long du Rhône et entre ses
branches; les côtes sont basses et déchirées en un grand
nombre d'endroits. » Le climat, très chaud, est insa-
lubre dans les parties marécageuses; les étés sont secs,
les hivers doux. Les voies de communication sont : le
Rhône, le canal de Bouc à Arles; 24 grandes routes,
1,000 chemins vicinaux; les chemins de fer d'Avignon
à Marseille, de Marseille à Toulon. Le sol est en général fertile; les îles de la Camargue et du Plant-du-Bourg,
entre les Bouches-du-Rhône, ont de riches terres d'al-
luvion; « la vaste plaine caillouteuse de la Crau, qui
s'étend d'Arles à la mer, entre le Rhône et l'étang de
Berre, n'offre que des pâturages pour l'hiver. » Le
pays est agricole et manufacturier; il possède de nombreux canaux d'irrigation et de déssèchement. Les céréales suffisent à la consommation : les autres productions
sont l'olivier, le mûrier, les arbres fruitiers (amandes,
figues, câpres, noisettes, grenades, oranges, etc.) le
chêne-liége, le melon, la garance, les truffes, le tabac.
« Les vignobles donnent les bons vins blancs liquoreux
fins de Cassis, les très-bons muscats de Roquevaire, de
Cassis, et de la Ciotat, et les excellents rouges d'ordinaire de Séon-Saint-Henri, de Saint-Louis. De bons

vins de liqueur, des *vins cuits*, sont récoltés presque partout. » L'élève du bétail est peu considérable, excepté celle des moutons qui transhument en été; les chevaux sont peu nombreux; l'industrie séricicole est très répandue. Il se fait une pêche considérable, surtout en thon, anchois et corail. L'exploitation minérale donne du lignite, du sel marin, de la pierre à chaux, des moëllons, quelques beaux marbres, de la terre à creusets et à poterie. On cite Aix pour ses eaux minérales. L'industrie a une très grande importance; elle s'exerce sur les savons, les produits chimiques, les parfums, les lainages, la bonneterie pour l'Orient, les ouvrages en sparterie, les bouchons de liége, la poterie, le verre, les bijoux de corail; elle compte de grandes usines métallurgiques, de belles distilleries d'eaux-de-vie, de liqueurs et d'essences. Le commerce, de son côté, exporte hors du département, l'huile d'olive, les eaux-de-vie, les vins, les vinaigres, les liqueurs, les essences, les savons, les sels, les laines, les lainages, le corail et le poisson. Les Bouches-du-Rhône, sont, en outre un important entrepôt de commerce avec l'Algérie, l'Espagne, le Levant et les Colonies. 60 foires se tiennent dans le département. 708 bâtiments y sont spécialement consacrés à l'industrie; le nombre des industriels et des commerçants réunis y constitue presque la moitié de la population totale, et y est le double à peu près de celui des agriculteurs.

Recherchons maintenant comment les Bouches-du-Rhône ont été représentées à l'Exposition de Toulouse.

BOURGAREL. — M. Bourgarel, d'Aix, a exposé des modèles de barriques-indicateurs. L'idée est exellente et d'une utilité éminemment pratique. La réalisation présentait beau nombre de difficultés, que l'exposant à surmontées avec un rare bonheur; aujourd'hui, on peut l'en féliciter à juste titre : il a résolu un problème fort important d'utilité générale ; car, grâce à la barrique indicateur, il n'y a plus de fraude possible dans le débit des boissons.

CONSTANT BELLIER. — Il y a déjà longtemps que les soufres de M. Constant Bellier, de Marseille, jouissent d'une faveur méritée sur les marchés des pays vinicoles. Il est donc presque superflu de dire quel rang honorable ils ont occupé à l'Exposition de Toulouse.

BERNARD GABELLE *serrurier*. — Voici comment un critique, plein d'impartialité, s'est exprimé à propos du lot de cet exposant.

« M. Gabelle a exposé une serre jardin d'hiver ; sa hauteur nous paraît un peu outrée, et si on l'avait diminuée au profit de la longueur et de la largeur, il nous semble qu'on aurait obtenu un meilleur effet et plus de facilité dans l'aménagement et les dispositions intérieures. Cette serre n'en est pas moins une belle œuvre de serrurerie et fait le plus grand honneur à l'habileté de M. Gabelle. »

CARVIN FILS. — M. Carvin fils, de Marseille, a fait concourir des chaux et des ciments. Ce sont des produits remarquables, et qui font le plus grand honneur à cet exposant.

GIRARD. — L'Exposition a reçu de M. Girard, de Marseille, trois fauteuils et quatre chaises de formes différentes, et six pièces de rotin. Les deux premiers fauteuils, le balançoir et le pliant à allonge, sont de fort ingénieuses raretés, qui s'adressent au sybaritisme des clients. Selon moi, la pièce qui vaut le mieux de tout ce lot, est la chaise fine en paille, néanmoins, tout les objets sont d'un beau travail, bien finis et accusent un ouvrier consommé.

CAUSSEMILLE JEUNE. — Fouillez-vous bien; vous n'êtes pas sans avoir dans la poche une boite d'allumettes chimiques portant comme suscription le nom que je viens d'écrire. C'est, pour ce produit, le nom en vogue, le roi du jour. Une telle popularité ne s'acquiert pas sans un mérite reconnu. Or, M. Caussemile jeune, de Marseille, est en effet un homme d'une haute capacité industrielle.

E. JOURDAN — M. E. Jourdan, de Salon, a présenté six colis d'huile. Tout le monde reconnaît la supériorité des huiles de Provence; celles de M. Jourdan ne peuvent qu'accroître cette renommée.

CHAMEROY ET C$^{ie}$. — Des tuyaux en tôle et du bitume, tels sont les produits envoyés par M. Chameroy et C$^{ie}$, de Marseille, ligne du Prado, 24. Le bitume mérite surtout une mention toute spéciale.

HOLIVE NEVEU ET MICHEL. — Les sucs de réglisse de MM. Holive neveu et Michel, de Marseille, peuvent avantageusement soutenir la comparaison avec tout ce qu'il y a de mieux en cette spécialité.

ADOLPHE GONCET. — Les liqueurs constituent une branche d'industrie fort importante dans le midi de la France; M. A. Goncet, de Marseille, est en droit de revendiquer une place honorable parmi ses concurrents.

Les liqueurs qu'il a envoyées se recommandent par leur finesse et par leur limpidité exceptionnelles.

P. JOURDAN, — Si je juge M. P. Jourdan, d'Aix, d'après les trois pains de savon blanc que j'ai eus sous les yeux, je ne puis m'empêcher de lui croire d'excellents procédés de fabrication. Toutefois, je désiserais un peu plus de finesse dans la pâte.

GUIZARD. — M. Guizard, de Marseille, rue des Trois-Rois, 24, a la spécialité des cravates. C'est une industrie qui a plus d'importance qu'on ne serait tenté de lui en accorder tout d'abord. Au reste, M. Guizard est l'homme parfait pour cette industrie : il produit beaucoup, à bon marché et toujours d'après le goût du moment.

GUEIDOU. — M. Gueidou, de Marseille, a exposé six articles de librairie, qui lui font honneur. L'album provençal est surtout remarquable.

PHILIPPE NEL. — Le Lot de M. Philippe Nel, de Marseille, rue du Pont, 1, était composé d'une découpure, de tire-vins au syphon, de lucarnes et de baignoires en zinc. Tous ces objets sont d'un ouvrier exercé et qui a du goût ; les tire-vins au syphon, à mon sentiment, sont ce qu'il y a de mieux.

RANQUE, PAUL FILS AÎNÉ ET Cie. — Dire que ces messieurs sont des négociants de Marseille, c'est presque dire que nous avons a examiner des savons. La fabrication de ce produit est, en effet, très répandu en Provence, et principalement dans le chef-lieu du département des Bouches-du-Rhône. La maison de MM. Ranque, Paul fils aîné et Cie, est l'une des plus importantes de cette industrie ; leurs savons jouissent d'une vogue méritée.

Pérotin, *distillateur*. — Voici encore des liqueurss et de l'élixir. Je ne m'arrêterai pas à en faire l'éloge ; le nom de M. Pérotin, d'Arles, fait autorité.

Oppenheim et Cⁱᵉ. — MM. Oppenheim et Cⁱᵉ, de Marseille, rue de la Rotonde, 55, sont également distillateurs ; mais ils ont, au lieu de liqueurs, envoyé du vermouth. Cette boisson est bien composés, l'absinthe est dans le vin blanc en la proportion voulue et elle a convenablement infusé. Ce ne peut qu'être excellent pour exciter ou réveiller l'appétit.

Roux fils. — Les savons de M. Roux fils, de Marseille, sont consciencieusement fabriqués. Pourtant, la pâte demanderait peut-être un peu plus de finesse.

Tivolier de Gourjon. — C'est pour les savons blancs qu'a concouru M. Tivolier de Gourjon, de Marseille. En général, dans cette localité, on fait beaucoup mieux les savons marbrés ; l'exposant n'en a que plus de mérite d'avoir parfaitement réussi les blancs, si toutefois je m'en tiens à ceux que j'ai eu sous les yeux.

Salavy et Cⁱᵉ. — Les produits chimiques de MM. Salavy et Cⁱᵉ se recommandent par leur netteté de forme et leur pureté de composition. Toujours Marseille.

Tartaro. — On sait combien sont variés les usages des amidons ; on ne saurait donc trop rechercher la superiorité des qualités. M. Tartaro, de Marseille, doit avoir de bons procédés et les appliquer convenablement ; car ses produits peuvent répondre à toutes les exigences.

Vautrain. — Les pipes marseillaises jouissent actuellement d'un beau renom ; c'est un excellent article, recherché par le consommateur. Il n'y a donc pas lieu de s'étonner de trouver à l'Exposition une vitrine qui en est garnie. L'exposant est M. Vautrain; ses produits ont réuni les suffrages de tous les connaisseurs.

ÉTIENNE VERNIS. — M. Etienne Vernis, de Marseille, chemin du Rouet, a exposé des carreaux mosaïques. Cet un ouvrier habile, faisant ce qu'il fait avec goût et avec amour.

BELLADINA. — L'ambre est une substance maintenant employée à tout propos; mais c'est une substance chère. M. Belladina, de Marseille, a voulu faire et a fait réellement, pour l'ambre, ce que M. Christophe avait réalisé pour l'argenterie, en introduisant le ruolz; les imitations d'ambre de l'exposant sont à s'y méprendre. Ce résultat obtenu me semble fort important.

COLLARINO. — Les ardoises de M. Collarino de Marseille, sont dures, pesantes, sonores, et ne s'imbibent pas; elles constituent donc un excellent produit.

DEJOU — On ne saurait trop recommander le fourneau et l'appareil de chauffage de M. Dejou, de Marseille. C'est peu embarrassant, élégant, commode, autant que chacun de ces objets peut le comporter.

EMILIEN LIEUTAUD FILS. — M. E. Lieutaud fils, de Marseille, rue Aurenne, 3, a exposé des savons blancs. Je les jugerais peu moins favorablement que ceux dont j'ai parlé déjà comme provenant d'autres fabricants.

ROULET ET CHAPOMNE. — Je ferais la même observation au sujet des savons de MM. Roulet et Chapomne, de Marseille. En revanche, je trouve leurs huiles remarquablement fines.

ROURA. — M. Roura, de Marseille, a concouru pour ses bougies. Je ne leur trouve pas toute la transparence désirable.

RIGOLET. — L'eau de Selz de M. Rigolet, de Marseille, me semble un peu faible. Au reste, c'est-là un défaut auquel il est facile de rémédier.

YUON. — Les eaux minérales exposées par M. Yuon me semblent avoir été recueillies avec le plus grand soin, et elles sont parfaitement conditionnées pour permettre qu'on les transporte aisément et sans perte de leurs propriétés curatives. Les précautions que prend M. Yuon sont indispensables à l'égard de ces sortes de boissoins.

TERRIS. — M. Adolphe Terris est photographe à Marseille. Cet exposant, je ne sais si cela tient au centre qu'il habite, me semble vouloir trop industrialiser (si je puis ainsi parler) la photographie. Elle n'est pas un art ; mais elle tient de l'art par plus d'un côté.

## 9° VAR.

Le département maritime du Var est un pays couvert au nord par les contreforts des Alpes, qui se divisent en montagnes granitiques, calcaires, sablonneuses. Les côtes, non loin desquelles sont les îles d'Hyères, de Lerins, de la Fournigues, de Cristau, des Ambiez, de Madrague, sont découpées par un grand nombre de golfes, rades et ports, entr'autres ceux de Juan, de la Napoule, de Fréjus, de Saint-Tropez, de Cavalaires, d'Hyères, de Giens, de Toulon, des Lacques. » Le climat est doux, mais variable; le vent le plus impétueux est le mistral, qui souffle du nord-ouest. Le Var et l'Argens sont navigables; les voies de communication par terre sont 28 grandes routes et 900 chemins vicinaux. Le pays, qui renferme beaucoup de bruyères, est agricole et maritime. Les céréales ne suffisent pas aux besoins de la consommation. Le Var est renommé pour ses excellents fruits du Midi; ses belles plantations de mûriers et d'oliviers; sa culture très en grand des fleurs odoriférentes; tout le monde connaît ses oranges, ses limons, ses grenades, ses figues grasses, ses prunes de Brignolles, ses câpres, ses truffes, son safran, ses plantes aromatiques. « Les vins, dont près d'un tiers est converti en eaux-de-vie, sont abondants et de bonne qualité; le muscat est recherché. On cite les crûs de la Gaude, la Malgue, Saint-Laurent, Villeneuve. » Il y a peu de chevaux et de gros bétail, mais beaucoup de mulets. L'élève est importante en abeilles et en vers à soie. L'exploitation minérale donne du fer, du plomb, du manganèse, de la houille, des marbres variés, de l'albâtre, du granit, des pierres de taille. Les produits de l'industrie sont importants et variés; elle s'exerce sur la grosse draperie, les parfums, les essences, les liqueurs, l'huile d'olives, des savons recherchés, le sel de saturne, les bouchons de liége, les cuirs, la soie, les papiers, le verre, la poterie. Les objets de commerce pour l'exportation sont également très nombreux : huiles, vins de liqueur, eaux-de-vie, fruits confits, raisins de caisse, figues, marrons, oranges, citrons, miel, poissons salés, anchois, sardines, bois, corail, produits fabriqués. Le département du Var compte 200 foires. Il s'y trouve 1,268 établissements consacrés à l'industrie proprement dite; le nombre des industriels, en y joignant celui des commerçants, forme le tiers de la population totale.

Voyons quels sont les exposants.

Bonhomme, *pâtisssier.* — Les gâteaux de M. Bonhomme, de Draguignan, sont dignes des palais les plus délicats et les plus friands. Du reste, il y a non-seulement la bonté, mais aussi la variété.

Chassel, *lithographe.* — « M. Chassel, de Toulon, écrit un critique dont les jugements font autorité en cette matière, M. Chassel nous a envoyé des paysages à la plume qui jouent l'eau-forte à s'y tromper. Pour arriver à ce résultat, il faut être artiste. »

## 10° ALPES MARITIMES.

Le département maritime et frontière des Alpes-Maritimes « est un pays, dit M. Adolphe Guérard, couvert de montagnes coupées par de nombreuses vallées. Le sol est très accidenté : montagnes, vallées, plateaux, collines et ravins. Du nord-ouest au nord-est, imposante chaîne des Alpes en demi-cercle; au sud, le département est baigné par la Méditerranée. » Le climat est doux, le ciel transparent. Les voies de communication consistent : dans la rivière flottable du Var; dans plusieurs grandes routes et un grand nombre de chemins vicinaux; dans le chemin de fer de Toulon à Nice, passant par Antibes. Quant aux productions, à l'industrie et au commerce, je laisse de nouveau parler M. Adolphe Guérard. « Les terres qui bordent le littoral sont assez bien cultivées, ainsi que la lisière des collines ; toutefois, la récolte des céréales est très loin de suffire aux besoins de la consommation. Peu de prairies naturelles, encore moins d'artificielles ; mais, sur les plateaux, vastes pâturages où de nombreux troupeaux, surtout les chèvres, trouvent une herbe succulente. Bons vignobles. Essences dominantes dans les forêts : pin, sapin et mélèze ; chêne rare. Arbres fruitiers : amandier, citronnier, figuier, grenadier, limonier, olivier, oranger, poirier, pommier, etc. — Flore : une des plus riches de la France. — Animaux domestiques du Midi de la France. — Dans les lacs, pêche de truites, etc. ; dans le golfe Saint-Hospice, anchois et thons. — Sol généralement fécond en substances métallifères. — Peu de sources d'eau minérale : on cite toutefois celle de la Guerz, commune de Saint-Sauveur, et celle de Berthemont. — Education d'abeilles et de vers à soie ; fabrique d'essences et de parfums ; distilleries, filatures de soie, moulins à huile, papeteries, savonneries, tabac et toile. — Le commerce consiste en bois de construction, essences, fruits du Midi (limons, oranges, etc.), huile d'olives, miel, parfumerie, soie, etc. » Cet aperçu suffit pour démontrer que le département des Alpes-Maritimes est appelé à acquérir une importance de plus en plus grande.

Notre Exposition a été suivie par quelques industriels de ce département.

BERMOND. — M. Bermond, de Nice, a exposé des parfumeries ; cela se conçoit : il habite la terre classique de cette industrie. Aussi ses produits méritent-ils une mention toute particulière.

ALBERTINI. — C'est de Nice également que M. Albertini a envoyé ses pâtes alimentaires à l'Exposition de Toulouse. Ce pays est, pour les pâtes alimentaires, une terre classique, comme pour les parfumeries. Les produits des exposants n'ont pas besoin d'une polémique de journaux, pour qu'il soit prouvé qu'ils sont bien fabriqués ; ils sont assez éloquents par eux-mêmes.

CARBONNEL, *pharmacien.* — Je n'aime guère à trouver des médicaments à une Exposition de produits industriels. Il est vrai que je n'ai aucune bonne raison à donner ; mais c'est une idée, bizarre ou non, à laquelle je tiens. Au reste, les médicaments de l'exposant sont, à part cela, à l'abri de tout reproche.

JIACOMO-BOCARDO. — Le lot de M. Bocardo, de Nice, place Masséna, se compose de deux articles bien distincts : des produits alimentaires et des allumettes chimiques. L'une et l'autre chose sont dignes d'encouragements.

NINCK, *dentiste.* — M. Ninck, dentiste à Nice, rue Masséna, 30, a concouru pour ses dentiers en gutta-caoutchouc. Sans être connaisseur, et quoique je n'aie aucun désir de faire connaissance avec les dentiers de M. Ninck, je les crois les plus méritants de tous ceux qui ont figuré aux Jacobins.

LOUIS SACCO. — C'est une bonne idée qu'a eue M. Louis Sacco, de Nice, d'envoyer des échantillons de vins à notre Exposition. Il y a là d'excellentes variétés que nous connaissons à peine de nom, et que maintenant bien des personnes voudront avoir dans leur cave.

A. SAMÉRIA. — M. Adolphe Saméria, de Nice, a exposé de la limonade. Elle est de bonne qualité ; mais il me semble que, sous certains rapports, elle laisse à désirer.

CHAMBOVET. — M. Chambovet, de Nice, à concouru pour du papier de pliage. M. Chambovet ambitionne le succès ; il est actif, il fait déjà bien ; donc il réussira selon son désir.

## 11° CORSE.

La Corse est une île de la Méditerranée qui forme un département. « Elle est occupée, dit M. Ernest Poirée, qui m'a presque toujours servi de guide dans ce coup-d'œil statistique sur le Midi de la France, « elle est occupée du nord au sud par un puissant massif de montagnes dont les contreforts s'étendent jusqu'à la côte, ne laissant entre eux que des gorges très étroites. La côte orientale, élevée et sinueuse, forme les golfes de Saint-Florent, Calvi, Porto, Ajaccio et Valinco. La côte occidentale, basse au milieu, forme au sud l'excellente rade de Porto-Vecchio. Le climat est tempéré et très salubre à l'intérieur. » Les voies de communication consistent en 13 grandes routes et 2,000 chemins vicinaux. Le sol est très fertile dans les plaines et dans le fond des vallées. Le pays est agricole, mais la culture est négligée et les céréales suffisent à peine aux besoins de la consommation. Les vins sont de bonne qualité, et l'on cite ceux de liqueur du Cap-Corse. La culture de l'olivier est bien entendue, et il se fait une récolte importante de fruits, de châtaignes et de tabac. Les animaux domestiques élevés sont vigoureux, mais de petite race ; les chevaux et les porcs sont estimés ; l'éducation des abeilles est assez répandue. Les forêts, fort belles, sont riches en bois de construction et de marine, et ont une étendue de 79,067 hectares. Les principaux produits de l'exploitation sont le fer, le sel marin, de beaux granits, des porphyres, le marbre, l'amiante, la terre à potier. Il se fait une pêche active de sardines, de thon, de corail et de nacre. On cite comme sources minérales, soit thermales, soit froides, celles de Piétra-Pola, de Guagno, de Guilléra. L'industrie manufacturière, qui est à peu près nulle, s'exerce sur les draps et lainages grossiers, le sciage des planches, le tannage des cuirs, les fers, les verres, la fabrication des poteries et les pipes. « Le commerce consiste en bois et planches, fruits, huile d'olive, vins, cuirs, cire et miel. Il n'y a point de foires. »

Deux exposants seulement ont représenté la Corse à l'Exposition de Toulouse. Ils sont tous deux de Bastia, et tous deux ont envoyé des pâtes alimentaires. L'un est M. Caffarelli, l'autre M. François Prévosti. En outre, leurs produits ont une ressemblance encore plus intime que celle du nom ; ils me paraissent également aussi bien fabriqués les uns que les autres, et je ne saurais trop, s'il me fallait prononcer, auquel des deux lots donner la préférence.

# SUPPLÉMENT

Je consacre une partie de ce supplément aux exposants de la zône méridionale que je n'ai pu classer, en temps opportun, à la place qui leur aurait convenu. Là s'arrêterait, à vrai dire, la tâche que je me suis imposée; mais, afin de donner une idée exacte de l'ensemble de l'Exposition, je range dans une seconde partie de ce supplément les exposants français qui habitent des départements extérieurs à la zône. Enfin, je parle, en dernier lieu, des exposants étrangers.

Il est bon d'observer que ceci n'est qu'une esquisse rapide, un plan dont j'ai tracé les lignes essentielles. Quant aux détails, j'ai traité ceux pour lesquels les circonstances m'ont permis de le fairé; j'ai le bon espoir qu'il pourra en être ainsi pour beaucoup d'autres, en destinant à ce travail mes heures de loisir depuis aujourd'hui jusques au jour où seront proclamées les récompenses décernées. Je me propose, à l'époque où cette solennité aura lieu, de publier une seconde édition, aussi complète que possible.

## 1° Exposants de la zône non classés.

LEBRUN. — M. Lebrun, de Marsac, a exposé de la pierre ciment. L'exposant, il le prouve en spécimen, a obtenu la dureté de la meilleure pierre calcaire; le ciment qu'il emploie est donc d'excellente qualité.

MERCIER, *horloger*. — Le lot de pendules, de M. Mercier, révèle un homme actif, en quête de perfectionnements, voulant contenter un peu tous les goûts et se rendre accessible aux clients de toute classe. Ce sont de bonnes qualités, et je crois qu'avec leur secours M. Mercier est appelé à réussir.

MONICOLLE. — Le fer pour ferrer les chevaux, fer dit désencastelleur, qui a été présenté par M. Monicolle, de Mérignac, a été l'objet de la prise d'un brevet d'invention. Je ne crois pas qu'il soit promptement accepté par l'usage; le mode que l'on a suivi jusqu'ici, pour ferrer les chevaux, est plus simple, d'une application facile et il ne présente pas en somme de bien graves inconvénients. Il est vrai, qu'en principe, le fer désencastelleur n'aurait la prétention que de rémédier à un cas particulier, celui où le sabot se serait resserré vers la partie supérieure des deux quartiers; mais j'ai entendu un enthousiaste de ce système nouveau le préconiser comme devant être employé d'une manière permanente, et j'ai la conviction qu'il n'en adviendra pas ainsi. Du reste, même dans le cas d'encastelure, les émollients et le repos sont, la plus part du temps, un remède suffisant, et, en dernière ressource, il reste l'excision, qui est une opération des plus simples et dont l'animal se relève très-promptement. Toutefois, on n'en doit pas moins être reconnaissant à M. Monicolle d'avoir cherché un perfectionnement et d'avoir trouvé un procédé qui peut recevoir une application pratique.

Robin fils — M. Robin fils a soumis ses cafés à l'appréciation du Jury. Je ne pense pas qu'ils puissent être mis en parallèle avec ceux de M. Rouzouls; ce dernier, à mon avis, a trouvé le secret de concentrer l'arôme au plus haut point

## 2° Exposants étrangers à la zône.

Aubry. — L'Exposition a reçu des cuirs vernis de M. Aubry, de Paris, rue de Laborde, 47. Les cuirs vernis, dont les premiers se firent remarquer à l'Exposition de 1802, à Paris, ont enrichi le commerce des cuirs d'une nouvelle branche d'industrie qui a pris de rapides développements. Ceux que fabrique M. Aubry sont beaux et me semblent bons.

Barlequin. — Dans ces derniers temps, on s'est fait une réclame de l'hygiène un peu à propos de tout : on a usé et abusé de l'adjectif hygiénique. Les cafés, qui sont l'objet d'une consommation très-étendue, devaient être et ont été des premiers à entrer dans ce mouvement. Voilà comment il se fait que M. Barlequin, de Tarare, a eu l'idée de se faire un peu une spécialité dite des Cafés hygiéniques, et ce sont eux qu'il a proposés au concours de Toulouse. Du reste, ils sont de sa part l'objet de grands soins. Et cependant, je crois que, pour un véritabe amateur; ils ne vaudront jamais les bons cafés ordinaires.

BAUCHE. — M. Bauche, de Gueux, près de Reims, a envoyé des coffres incombustibles. Pour ceux qui détiennent de fortes valeurs, c'est un meuble indispensable que ces coffres, je le dis sérieusement; un incendie est, en effet, bientôt arrivé, et c'est quelque chose que de pouvoir au moins sauver le numéraire et les papiers.

BAUDOUX. — Des sacs en papier et du papier timbré aux chiffres et aux armes constituent le lot de M. Baudoux, de Potiers. M. Baudoux, en sa spécialité, est un industriel méritant.

BELOUIN. — M. Belouin, d'Angers, a présenté des cuirs divers. Ils sont bien traités, mais sont loin de valoir ceux de M. Stalinas Vernière, d'Aniane.

BENOÎT. — Les colliers de M. Benoît, de Paris, sont faits avec soin; ils ont pour eux la solidité et l'élégance.

BÉZIAT. — M. Béziat, de Paris, rue Mouffetard, 114, a envoyé un cric et une hélice. Ces deux machines, qui ont des applications pratiques si fréquentes, sont solidement construites, et cependant elles sont commodes à faire manœuvrer.

BIENVAUX-HIM. — M. Bienvaux-Him, de Paris, rue Chabrol, 46, a présenté ses toiles hydraminiques imperméables, et a concouru pour son système d'imperméabilisation des tissus. Les toiles hydraminiques sont brevetées et ont déjà obtenu beau nombre de médailles aux Expositions; du reste, elles méritent à tous égards ces distinctions : elles répondent à un besoin d'utilité générale, et elles ont complètement résolu le problème que s'était proposé l'inventeur.

BODIN. — Les hache-pailles de M. Bodin, de Rennes, peuvent être vantés sans arrière-pensée de complaisance ou d'indulgence ; ils sont ingénieusement conçus, bien exécutés et d'un aménagement facile.

BOLOGENSI. — M. Bologensi, distillateur à Saumur, a voulu nous faire connaître ses liqueurs. Les Tafias sont assez sucrés, d'un degré spiritueux convenable et suffisamment aromatisées ; les liqueurs fines ou huiles ont reçu le sucre et l'esprit dans la meilleure proportion.

BOULANGER. — Les porcelaines de M. Boulanger, de Paris, me paraissent être d'une pâte bien homogène et bien macérée. Le moulage et toutes les autres manipulations si délicates, qui constituent cette fabrication importante, ont dû être habilement conduites.

BOURGEOIS. — M. Bourgeois, de Dijon, rue Piron, 34, a concouru pour ses pains d'épice. Le pain d'épice ne date pas d'hier; les Grecs le connaissaient et en avaient reçu le secret des peuples asiatiques. Cette fabrication a ainsi traversé les siècles ; aujourd'hui elle constitue, en France, une branche d'industrie considérable. M. Bourgeois comprend admirablement les manipulations diverses, au moyen desquelles on obtient de bonnes qualités dans les variétés différentes.

JAMES BOUTIN. — Lorsqu'il s'agit d'un engrais artificiel, ma première impression lui est toujours défavorable, parce que je sais à quel point, en ces derniers temps, le charlatanisme s'est emparé de cette industrie et combien il a produit de compositions, plus utiles que nuisibles à l'agriculture. Je n'ai pas longtemps gardé cette prévention contre les engrais liquides de M. James Boutin, de Paris ; je crois que cet industriel a voulu être utile aux agriculteurs et que ces produits doivent être pris en haute considération. Au reste, mon avis est aussi celui de bien des personnes fort compétentes à ce sujet.

BOUVIER FRÈRES. — A la partie de mur de la grande salle, au-dessus du carré où étaient disposés les pianos, étaient appendus quelques lots de draperies. Celui de MM. Bouvier frères, de Vienne (Isère), n'est pas le moins méritant. Il présentait une particularité qui a sa valeur : sur chaque pièce était marqué le prix. MM. Bouvier sont représentés, à Toulouse, par M. Dubarry, allées Louis-Napoléon, 19.

BRUNEAUX. — M. Bruneaux, de Château-Thierry, a exposé un tire-bouchon. On sait qu'il y a des tire-bouchons de toutes les formes et de toutes les dimensions. Celui, dont je parle ici, est d'une forme ingénieuse et des plus commodes pour sa dimension.

BRUN, *mécanicien*. — Brun père, mécanicien, à Lyon, a exposé deux objets. Le n° 134 est une forge portative, avec une tuyère en-dessous du foyer fait d'après le système de vis sans fin fermé dans une boîte. La forge exposée est du prix de 120 fr. ; elle chauffe 7 millimètres carrés ; la disposition du bassin intérieur est de 43 mètres sur 49. — Le n° 135 est un ventillateur à forge centrifuge ou à hélice, mu à bras avec une vis sans fin. La dimension est de 35 centimètres, et le prix de 370 fr. Ce ventillateur peut servir pour petite fonderie, pour l'aérage des mines, des magnaneries ; il est surtout d'une commodité remarquable, dans la marine, pour l'aérage des navires. Ces deux instruments se font distinguer par la simplicité et l'élégance, unies à une grande puissance d'action.

CARNY. — M. Carny, de Niort, a envoyé des instruments de musique. Ce ne sont ni des Stradivarius, ni des Amati que les violons, violoncelles, guitares et autres instruments analogues au luth, sortis des mains du luthier de Niort ; mais, somme toute, ils sont remarquables pour la forme et pour la justesse, et c'est ce qu'il faut en notre temps.

VEUVE CATENOT, *affineur*. — Pour les balances riches, M<sup>me</sup> veuve Catenot-Béranger, de Lyon, n'a pas eu de rival à l'Exposition. Du reste, elle a également concouru pour les gros instruments de pesage, et c'est pour ceux-ci, surtout, qu'elle mérite d'être louée sans réserve ; toutes ses machines à bascules présentent les innovations les plus heureuses, peuvent être facilement aménagées et fonctionnent le plus commodément du monde. Sans contredit, ce lot était l'un des plus méritants et des plus beaux de notre Exposition.

CHAMPIGNEULLE. — M. Champigneulle, de Metz, a concouru pour ses produits céramiques. On appelle ainsi de nos jours, non-seulement les poteries et les porcelaines en général, mais aussi toute sorte d'objets, comme des statues, par exemple, lorsqu'ils sont fabriqués avec les argiles et les grès à potier. Le lot de M. Champigneulle se compose d'un Christ sur croix, de statues et de stations de chemins de croix. Toutes ces pièces, de couleur brune, à l'exception d'une station de chemin de

croix qui est blanche , toutes ces pièces , dis-je , révèlent chez leur auteur un sentiment de l'art très déve-
loppé et une grande sûrete d'exécution.

CHAPOTON-FEIGNAS. — Les tissus élastiques de M. Cha-
poton , de Saint-Etienne, ont été, il est facile de s'en
assurer par l'examen , l'objet d'une fabrication soignée.
Or, aujourd'hui que cette sorte de produits est en grande
vogue , on est en droit d'exiger de belles qualités.

J. DE LA COUX. — Les godets graisseurs pour machines et transmission de mouvements de M. de La Coux,
rue Bergère, 33 , à Paris, sont une fort ingénieuse
chose, qui est d'une grande commodité pour la pratique ordinaire.

DAMBOISE , *ferblantier*. — M. Damboise, ferblantier
à Boulogne-sur-Mer, a présenté un appareil servant à
l'élévation des lieux sujets au gaz et au tirage des cheminées. Cet appareil , qui peut être facilement aménagé,
me semble destiné à rendre de grands services.

DEFRANÇOIS. — Les exercices du corps sont, de nos
jours, trop négligés. Depuis quelques années, cependant, on cherche à remettre la gymnastique en faveur,
et cela avec juste raison. C'est une question de bonne
hygiène. J'applaudis, par conséquent, des deux mains
aux appareils de gymnastique hygiénique de M. Defrançois, de Reims.

DELARUE. — Les coffres-forts de M. Delarue, boulevard Sébastopol, 119, à Paris, offrent toutes les garanties de solidité , sans être , cependant , massifs au point
de déplaire à l'œil et d'occuper un trop grand espace. Il

n'en faut pas davantage pour recommander des produits de cette nature.

DELATTRE ET Cⁱᵉ. — L'huile d'olive est, dans le Nord, d'une grande cherté ; on la remplace autant que possible par les huiles de chênevis, d'œillette, de colza et de navette. Ce sont ces dernières, surtout, qu'ont présentées MM. Delattre et Cⁱᵉ, de Dieppe. C'est une importante maison, qui est très soigneuse de ses produits.

DELEBECQ, *distillateur*. — M. Delebecq, distillateur à Lille, a exposé des liqueurs. Je ne leur trouve pas un arome suffisant. Dans la fabrication des liqueurs, le point capital est la sûreté des proportions dans l'emploi des matières premières.

DENANS. — De M. Denans, de Besançon, nous avons eu des appareils applicables à la conduite des eaux ; ils sont bien conditionnés et, après quelques modifications, ils sont appelés à rendre d'éminents services.

DUPONT. — M. Dupont, de Cherbourg, rue Asselin, 13, a soumis à l'examen du Jury ses vernis métalliques, sa peinture hydrocarbures des moulins à café et à poivre. Les vernis métalliques sont, à mon avis, ce qu'il y a de plus remarquable dans ce lot.

Mᵐᵉ DUROS ET Cⁱᵉ, *passementiers*. — La passementerie pour dame, exposée par la maison de Mᵐᵉ Duros et Cⁱᵉ, de Paris, est délicatement faite et répond aux exigences journalières de la mode.

DUTERTRE ET Cⁱᵉ. — La peinture et la dorure sur porcelaine forment la spécialité de MM. Dutertre et Cⁱᵉ, de Paris. Cette maison a pris un brevet pour dorure brillante sans polissage ; son lot, à l'Exposition, a été principalement composé d'urnes d'église qui sont d'une grande élégance.

DUTRUC FILS ET Cⁱᵉ, *distillateurs*. — Voici des liqueurs fabriquées au Grand-Temps, dans l'Isère ; inutile d'ajouter qu'elles se ressentent du voisinage des Alpes, et que les plantes aromatiques de ces montagnes n'ont pas été oubliées dans la composition de la plupart, de celles précisément qui ont un caractère original dans ce lot. Hé bien ! je trouve que, depuis quelques temps, on abuse un peu trop des herbes des montagnes dans la fabrication des liqueurs ; l'excès nuit en toute chose.

DUTRUC ET GRILLAT. — A MM. Dutruc et Grillat, distillateurs à Saint-Marcelin, dans l'Isère toujours, je me contenterai d'adresser la même observation qui vient d'être faite à leurs compatriotes.

DUVAL, *mécanicien*. — M. Duval, mécanicien à Paris, rue Aubervilliers, 20, a exposé des machines à percer, qui font le plus grand honneur à son habileté.

ESCUDIÉ. — M. Escudié, de Nantes, nous a montré un aquarium renfermant des poissons. Depuis quelques années, la pisciculture a pris de grands développements ; M. Escudié est louable pour les efforts qu'il fait en sa faveur.

FERGUSSON ET GOODWIN. — La fabrication des sacs sans couture est devenue une industrie importante pour MM. Fergusson et Goodwin. Elle rendra, du reste, de bons services parce qu'elle réalise une économie considérable de temps et qu'elle permet une modicité de prix exceptionnelle.

FERRAND. — M. Ferrand, de Saint-Junien, est mégissier, tinturier et fabricant de gants ; mais cette dernière spécialité est le fonds principal de son industrie. Sa vitrine a été des plus variés, comme spécimen de ganterie, et l'on peut dire qu'il excelle dans cette fabrication délicate.

Ferron aîné. — M. Ferron aîné, de Dinan, a envoyé ses blouses brévetées, à double face et avec cols élastiques ou sans élastiques, blouses dites Armoricaines et Magenta. Elles sont remarquables à cause des garanties de commodité qu'elles offrent à celui qui les revêt.

Fichet. — Un coffre-fort constitue le lot de M. Fichet, de Paris, rue Richelieu, 43. On reconnaît qu'il est l'ouvrage d'un homme versé dans sa profession.

Gendron. — Des biscuits de mer et des farines étuvées de M. Gendron, de Couëron, près de Nantes, se sont acquis une grande réputation parmi les marins, auxquels elles rendent en effet des services journaliers. M. Gendron est un industriel de mérite, et ses produits ont une supériorité incontestable sur ceux des fabricants concurrents, du moins en général.

Gérard. — Les machines de M. Gérard, de Vierzon, fonctionnent commodément ; toutefois, je leur désirerais un peu plus de cette élégance qu'en notre époque on recherche tant.

Charles Gérard. — La coutellerie de M. Charles Gérard, de Nogent, comprend toutes les variétés qui constituent ce genre d'industrie ; mais cet exposant ne sacrifie-t-il pas un peu la solidité aux caprices des for-

15

mes faites pour flatter l'œil ? Peut-être pourrait-on à bon droit lui en faire le reproche.

GOUEZEL. — C'est un appareil à conduite barométrique qui nous est venu de M. Gouezel, de Belle-Ile-en-Mer. Cet appareil était difficile à exécuter avec succès ; l'exposant s'en est tiré à son honneur, et on doit lui tenir compte des obstacles heureusement surmontés.

GRILLAT (MARIUS). — M. Marius Grillat est distillateur à Lafrette, dans l'Isère. Aussi presque toutes ses liqueurs rappellent-elles au goût où à l'odorat la saveur ou le parfum de quelque aromate des Alpes. C'est trop.

GRUNER, *facteur de pianos*. — Nous avons eu de M. Gruner, de Lyon, rue Impériale, 63, deux pianos : l'un grand format, l'autre droit 1¼ oblique. J'ai entendu résonner le premier sous les doigts habiles d'un amateur, et si peu exercée que soit mon oreille, je puis constater qu'il a une sonorité des plus pures.

GUÉRIN. — M. Guérin, de Nantes, a exposé des chocolats. Voici comment ils ont été appréciés par un critique de Bordeaux, dont je partage entièrement la manière de voir :

« Fabriqué par des machines perfectionnées, avec les plus grands soins et les éléments les plus riches et les meilleurs, et cependant d'un prix relativement minime, le chocolat Guérin a vu sa vogue s'étendre bien au-delà de la cité bretonne qu'habite son inventeur, et sa réputation s'accroître rapidement. Nous le trouvons aujourd'hui à l'Exposition de Bordeaux et nous nous estimons heureux de pouvoir consacrer quelques lignes à

cet excellent produit. Nous ne dirons rien de sa composition, ne voulant pas tomber ici dans les considérations hygiéniques de l'alimentation par le chocolat. Toutes les personnes faibles de complexion ou simplement
valétudinaires, tous les estomacs délicats et même tous
les gourmets connaissent et apprécient cette sorte de dé-
jeûner. Nous leur recommanderons donc en toute sûreté de conscience les chocolats de santé de la maison Guérin et aussi chocolats au lait d'amandes. Le
plus pur *Caraque* en forme la base, et ils trouveront,
dans son usage, toutes les conditions de bien-être et de
plaisir réunies. Nous ajouterons ce que nous disons en
commençant qu'au milieu de produits similaires fort
chers et trop souvent frelatés, les chocolats Guérin se
vendent à des prix très raisonnables. La maison Guérin
a obtenu une médaille bien gagnée, au mois de mai dernier. »

HACHETTE ET C<sup>ie</sup>. — MM. Hachette et C<sup>ie</sup>, libraires,
de Paris, ont concouru pour la librairie. En présence
du renom grandement mérité dont ils jouissent, je crois
pouvoir me dispenser de tout éloge.

JEANNIN, *confiseur*. — M. Jeannin, confiseur, de Bar-
le-Duc, a exposé des confitures qui ont réuni les suffrages de tous les connaisseurs, suffrages qui, du reste,
leur étaient dus en raison de leur supériorité dans la composition.

JUSSY, *armurier*. — Les armes de luxe de M. Jussy,
armurier à St-Etienne, demandent une mention toute
spéciale. Si elles ont trouvé leurs égales à l'Exposition,
ce ne sont guère que celles de M. Pondevaux. Au reste,

cela s'explique tout naturellement, Jussy et Pondevaux
étant autrefois la même maison, ce qui implique les
mêmes procédés de fabrication. Toutefois, il m'a paru
que M. Jussy, s'inquiétait un peu plus que son parent
des goûts du jour, et que, sans rien sacrifier sous le
rapport de la qualité, il cherchait à donner à ses armes
un cachet de nouveauté que n'ont pas au même degré
celles de son concurrent. Ne faut-il pas tenir compte
de toutes les particularités, lorsqu'il s'agit d'une industrie aussi importante et de deux exposants dont le rare
mérite diffère aussi peu ? D'ailleurs, alors même qu'on
les jugerait égaux, la valeur personnelle de chacun
d'eux ne saurait en recevoir aucun détriment ; M. Jussy
est donc, en sa spécialité, un industriel hors ligne, et
ce sera toujours posséder un vrai chef-d'œuvre du
genre que d'avoir une arme marquée à son nom.

LALLEMANT. — M. Lallemant, d'Alger, a exposé
des produits pharmaceutiques. Personne n'ignore que
ces produits constituent plusieurs industries d'une haute
importance. M. Lallemant est un digne continuateur de
Vauquelin, et il s'est déjà fait une place des plus honorables dans une profession qui demande, non-seulement de l'habileté dans les manipulations, mais encore
des connaissances scientifiques très étendues.

DE LATTERRIÈRE. — M. de Laterrière, de Paris,
boulevard de Clichy, 9, s'est fait représenter à l'Exposition par un beau lot de sommiers Tucker et de lits
en fer. Les lits en fer sont bien conditionnés, commodes et d'une rare élégance de formes ; je ne dirai rien

des sommiers Tucker, que tout le monde connaît et qui ont obtenu largement l'approbation du public.

LAVIGE, *fondeur*. — M. Hubert Lavige, de Paris, rue Vanneau, 10, est un fondeur-statuaire des plus distingués ; son jeune Faune en bronze est un morceau des mieux réussis : la composition du modèle, la fabrication du moule, le coulage, tout en un mot a dû être conduit à bonne fin pour produire une œuvre aussi nette.

LEROY. — Voici ce qui a été judicieusement écrit sur cet exposant : « M. Leroy, de Nantes, quai Jean Bart, 4, a soumis à l'appréciation du Jury une tente-abri pour les arbres en espalier. Cette utile invention a été déjà couronnée, et nous sommes convaincu qu'elle aura conquis ici les suffrages de tous les hommes compétents. »

J. LUCK, *distillateur*. — Nous avons eu de M. J. Luck, distillateur, de Haguenau, des bouteilles crêmes de Hyrtilles. Les liqueurs surfines ou crêmes sont des liqueurs étrangères que pour la plupart on contrefait en France. Ce n'est pas ici le cas de l'exposant qui a envoyé des produits à lui, auquel il a, par ressemblance, appliqué la dénomination de crêmes, qu'ils peuvent porter sans y mettre de la présomption, tant ils sont exquis.

MAINIER. — Tandis que M. Vignolles, de Saint-Gaudens, préconise d'une part, à l'Exposition, sa pommade contre la chûte des cheveux, d'autre part, M. E. Mainier, de Paris, rue de Provence, 30, réclame en faveur d'un produit de son invention, qui empêcherait de se dénuder les crânes ayant des prédispositions à la calvitie. Lequel a raison, ou bien ont-ils raison tous les deux? Il ne m'appartient pas de trancher la question. En tous cas, ces pommades peuvent être d'excellents préservatifs; mais il me serait bien difficile de croire qu'elles rendent des cheveux aux têtes qui ne les ont plus. Mon opinion est qu'on n'est pas près de découvrir le secret de ce reboisement, si je puis ainsi m'exprimer, d'après le résultat d'une comparaison tacite qu'il est inutile de formuler pour me faire entendre.

MALAPERT. — Les produits pharmaceutiques de M. Malapert, de Poitiers, peuvent soutenir avec avantage l'examen le plus minutieux des hommes compétents; ils sont retirés avec soin des substances végétales et animales qui les contiennent et obtenus à un état de grande pureté.

MARCHAND FILS. — M. Marchand fils, de Tours, a exposé des essieux, des boulons, des plaques et des supports. Ces diverses pièces sont d'un bon travail et trahissent la main d'un ouvrier capable.

MARGA. — Le marbre Sarrancolin envoyé par M. Marga, de Paris, boulevard Saint-Germain, 11, a la vivacité de couleur et une pâte très homogène. Aussi les visiteurs de l'Exposition l'ont-ils remarqué avec faveur.

MARIS, lampiste. — Nous avons eu de M. Maris, de Paris, rue Geoffroy-l'Asnier, 28, des lampes à schiste et à pétrole, des lustres et des suspensions. Ces lustres et ces suspensions, il n'est guère de personnes qui ne les aient remarqués, suspendus au plafond de la galerie du second étage. M. Maris est un homme de goût et un bon ouvrier.

MEILLARD. — M. Sébastien Meillard, de Paris, a exposé une fourniture en fer, système à vis. « Les facteurs d'orgues nomment fournitures, dit un auteur, un jeu d'orgues qui entre dans la composition du plein jeu, et qui est composé de plusieurs tuyaux d'un son aigu accordés à la quinte, à l'octave de la tierce, et à la double octave du son principal, avec des redoublements. » N'ayant pas su découvrir à l'Exposition la fourniture en fer de M. Meillard, je ne puisse en dire autre chose.

MUSEUR. — M. Museur, de Rouen, a concouru avec ses vernis gras pour voitures. Ces vernis, on le sait, doivent être peu siccatifs, mais acquérir une solidité très-grande, afin d'opposer le plus de résistance possible à l'action de la lumière et de la chaleur solaires, et des intempéries de l'air. Ces qualités sont, on le comprend aisément, très nécessaires dans les vernis gras destinés, soit aux équipages de luxe, soit aux voitures de fatigue, et surtout à ces dernières. Ceux de M. Museur me paraissent remplir parfaitement ces conditions essentielles. Au reste, mon avis a été partagé par des hommes qui font autorité en cette matière.

ODON, DEKEYSER ET NISSE. — Voici un des lots des plus remarquables et des plus remarqués de notre Exposition; le linge de table de MM. Odon, Dekeyser et Nisse, d'Armentières, a eu ce que l'on pourrait appeler un succès d'enthousiasme. Mais il ne pouvait en être différemment; en effet, que ce linge soit uni ou bien ouvragé, et que cette dernière catégorie soit à dispositions simples ou à dessins riches et compliqués. Ces exposants établissent ces produits avec une telle perfection qu'ils égalent tout ce qui nous vient de l'étranger. Et cependant MM. Dekeyser et Nice ont si bien compris notre époque, où il faut, pour réussir, produire des articles à bon marché, tout en les donnant beaux, que leurs prix de vente sont, eu égard aux qualités, modiques à provoquer l'étonnement de l'acheteur lui-même. Il n'est donc pas permis de douter que ces fabricants n'aient trouvé le secret de procédés parfaits tout à la fois et peu coûteux. Qoiqu'il en soit, ils ont figuré à l'Exposition à l'une des premières places.

HENRI OUDIN. — M. Henri Oudin, de Poitiers, a concouru pour la reliure. A mon avis, M. Oudin, en cette spécialité, nous a montré les articles les plus remarquables. Le pliage, la batture, la presse, le cousoir, l'endossure, l'ébarbage, la rognure, la dorure, le racinage, aucune enfin des opérations si multipliées qui ressortissent à l'état de relieur, n'échappe à l'active surveillance de notre exposant; de là ses reliures soignées, dont quelques-unes peuvent être regardées à juste titre comme des chefs-d'œuvre de l'art.

PAROD. — Le lot de M. E. Parod, de Paris, rue Popincourt, 16, comprend des machines diverses pour produits alimentaires, une machine à hacher les viandes, des presses à gras... tout cela est bien conditionné, fonctionne parfaitement, et est d'une installation commode.

PASQUIER ET GUYOT. — MM. Pasquier et Guyot, de Saint-Denis, ont envoyé des huiles et des graisses industrielles. Ces produits sont de bonne qualité et bien tenus.

PINOT. — Les fleurs en porcelaine de M. Pinot, de Paris, sont bien réussies ; cette fabrication est une spécialité dont les produits provoquent la curiosité ; aussi veulent-ils être faits avec beaucoup de goût.

PISSAVY. — Il n'est aucun visiteur qui soit passé par la salle des instruments et machines sans avoir accordé une attention particulière à la fontaine à bière de M. Pissavy, de Lyon. C'est qu'en effet, cet appareil a été l'une des curiosités de l'Exposition, et s'est fait admirer par sa perfection et son ingénieuse simplicité.

PLANTIER. — M. Henri Plantier, de Lyon, a exposé des robinets montés et démontés. J'avoue ne pas avoir su découvrir le lot de cet exposant.

PLEYEL, WOLFF ET C ie, *facteurs de pianos.* — Les pianos de M. Pleyel, de Paris, rue Rochechouart, 22, ont une renommée européenne. C'est donc une bonne fortune pour l'Exposition toulousaine que d'avoir possédé quatre beaux spécimens de la fabrication de ce facteur émérite ; un piano à queue, un piano grand modèle oblique, un piano petit modèle oblique et un piano vertical.

POIGNÉ. — M. Poigné est distillateur à Moulins. Je trouve que ces liqueurs péchent quelque peu quant aux proportions des substances qui entrent dans leur composition ; en général, elles ne sont pas aromatisées à point et de telle sorte que le dégustateur comprend promptement le nom de chaque variété.

PONDEVAUX. — M. Pondevaux, de Saint-Etienne, a

exposé dix fusils. Je n'en parlerai pas longuement,
ayant déjà exprimé ma façon de pensée sur ces fusils, à
l'occasion des armes de M. Jussy. M. Pondevaux est un
armurier de grand talent.

Prévot et C$^{ie}$. — Les cafés de MM. Prévot et C$^{ie}$, de
Limoges, sont de bon choix, montés en arome et parfaitement tenus.

Riols de Fonclare. — Les articles de verrerie de
M. Riols de Fonclare, de Paris, dénotent un choix intelligent des matières premières employées; ils se distin-
tinguent, en effet, par la transparence et la blancheur.

De la Rochette et C$^{ie}$. — MM. de la Rochette et C$^{ie}$,
de Givors, Rhône, ont exposé des fontes et des tuyaux.
Ce sont, on le comprend au simple examen, des produits sortis d'un grand établissement industriel, où rien
ne se fait mesquinement, et où, produisant en quantité
considérable, on se préoccupe plutôt de la beauté et de
la bonté des articles au point de vue de leur ensemble
que des minuties de détail dans chacun. Dans un établissement général de cette portée, l'addition des pertes
de temps aux futilités des détails mesquins, représen-
terait bientôt au total une perte d'argent qu'il est bon
d'éviter.

Roger. — M. Roger, de Rouen, rue de la Chaîne, a
exposé une serrure, dont le jeu est très ingénieusement
trouvé et qui permet de dépouiller toute crainte à celui
qui abrite derrière elle sa personne ou sa fortune.

Rottée-Boulet. — M. Rottée-Boulet est fabricant de
brosserie à Verberie (Oise). Son lot est ainsi expliqué :
« balais et brosses à usage domestique, d'une nouvelle

matière nommée *piazava*, *para*, *itzle*, provenant du
Brésil et du Mexique. Le prix en est, en moyenne,
50 % moins élevé que celui des matières connues. » J'ai
constaté que ces balais et ces brosses sont bien conditionnés comme fabrication, ce qui fait honneur à l'exposant. Quant à leur introduction dans les usages de la vie,
à condition d'y être substitués à ceux qui sont faits avec
les matières déjà connues, c'est une question qui ne
saurait être résolue qu'après des expériences répétées,
en un mot, c'est une question que le temps se chargera
de résoudre. Quoiqu'il en soit, M. Rottée n'en est pas
moins un homme d'initiative et un bon fabricant de brosserie.

SAUDEMON. — Des produits chimiques ont été soumis
à l'appréciation du Jury par M. Amédée Saudemon, de
Lille, rue des Robleds, 28. Je demanderais un peu plus
de soin dans la manipulation ou quelques changements
dans certains procédés, afin de voir les produits de cet
exposant, du reste déjà remarquables, arriver à une pureté plus grande.

SAUZET. — M. Sauzet, de Lyon, est l'inventeur d'un
système de lits et de sommiers, d'après lequel a fabriqué
M. Bellegarrigue, à Toulouse, rue des Paradoux, 45.
L'idée est heureuse, et la manière dont M. Bellegarrigue
a exécuté son travail, d'après le système inventé, lui
fait le plus grand honneur.

SEGUIN. — Les articles de brosserie exposés par M. Seguin, de Lyon, font bien augurer de ses procédés de
fabrication ; ils sont jolis de forme, solides de confection ; les matières employées sont bien choisies.

SERRIN. — Le lot de M. Serrin, de Neuilly-sur-Thelle (Oise) se compose de pièges et de souricières de différentes dimensions. Le système de souricière de l'exposant est fort ingénieux et très simple. De plus, comme travail et comme forme, les pièges et les souricières de M. Serrin ne sont pas sans une certaine élégance.

SERVE PÈRE ET FILS. — M. Serve père et fils, distillateurs à Lyon, ont envoyé différents échantillons de liqueurs. Peut-être pourrait-on reprocher, avec quelque raison, à ces liquoristes de se préoccuper un peu trop des qualités qui seront faciles à la vente, en sorte qu'ils n'abordent pas assez les qualités de haut choix.

THÉRY JEUNE. — M. Théry jeune, de Lamballe, fait le négoce des cuirs et des peaux, des peaux blanchies, des basanes lissées, ordinaires et façon cheval. Les basanes surtout m'ont paru dignes d'éloges; elles sont apprêtées avec beaucoup de savoir-faire. Or les basanes sont un article important en raison des usages nombreux auxquels elles sont employées.

THIRION. — Les pompes de M. Thirion, mécanicien à Paris, rue Vaugirard, 169, sont bien conçues et habilement construites; elles sont d'une installation commode et le jeu en est irréprochable.

TROUGNIOU FILS, *distillateur*. — M. Trougniou fils, distillateur à Tours, rue Royale, 17, a exposé des liqueurs. Elles témoignent de beaucoup de soins dans la fabrication, et ce distillateur, avec de la persévérance, arrivera certainement aux meilleurs résultats.

TRUMEAU. — Les laines et les flanelles de M. Arthur Trumeau, de Vienne (Isère), se recommandent à plus d'un titre. Les premières ont de la souplesse et de l'élasticité. Les flanelles sont garnies et chaudes.

VAYSON. — M. J. Vayson, d'Abbeville, a exposé des tapis sortis de la manufacture impériale qu'il dirige et qui a été fondée en 1667. A peine ai-je besoin d'ajouter que ce lot est de toute beauté; rien de chaud et de moëlleux comme ces tapis.

WILD. Les enveloppes de bouteilles de M. Wild, de Strasbourg, rue de Sébastopol, 8, sont une chose fort ingénieuse et qui a bien son bon côté pratique; on doit donc savoir gré à l'industriel strasbourgeois des efforts qu'il fait pour en vulgariser l'usage.

WILLIAM WALCOT. — Je ne sais partager l'avis d'un critique toulousain sur les aiguiseurs de M. Walcot, de Paris, rue Cels, 22. Il dit que ces machines, commodes, heureusement inventées, selon moi, sont plus propres à émousser qu'à aiguiser et qu'on leur préférera toujours la meule du rémouleur; il est libre d'agir ainsi, mais j'emploie journellement l'aiguiseur-Walcot, et, comme je m'en trouve on ne peut plus satisfait, je crois que beau nombre d'autres, après essai, se rangeront de mon opinion.

YVERNEL. — Un coffre-fort a été exposé par M. Yvernel, de Paris, rue Marcadet, 11. C'est un travail consciencieusement fait; mais je trouve les formes un peu lourdes.

BÉZIAT. — Que dirai-je des produits de M. Henri Béziat, rue Saint-Martin, 210, lequel est représenté à Toulouse par M. Rouget, rue Saint-Pantaléon, 5? Il ne viendra certainement à l'idée des personne de leur refuser une grande valeur artistique, et pourtant ce sont des objets d'un usage habituel, et pour lesquels il était bien difficile de rester original, à cause de leur variété infinie. Joignez à cela que M. Béziat est le fondateur en France de sa spécialité, qui consiste dans la fabrication des articles anglais. Sans doute, cet industriel de talent et d'initiative a-t-il recours à des mains anglaises pour l'exécution des porcelaines qu'il vend; mais, ce qui est à lui, c'est-à-dire ce qui est à nous, français et ses compatriotes, ce sont les formes, les modèles, les ébauches dont il est seul le créateur. On sera peut-être étonné si je dis que ces objets de premier choix sont livrés à des prix modiques; rien de plus vrai cependant, et c'est ce qui a valu à M. Béziat l'approbation du public et la confiance dont il jouit. Le goût et la mode du jour sont les inspirateurs des modèles et des types inimitables dont cette maison a le secret et qu'elle tient toujours à la hauteur du progrès; la finesse d'exécution n'a été, en ce genre, portée par personne à un plus grand degré. Voyez qu'elle beauté dans les fleurs naturelles pétrifiées des poteries blanches de biscuit: quelle perfection d'imitation antique dans les poteries rouges, dites asyriennes ou étrusques; quelle fixité de dessin dans les poteries rouges glacées; quelle supériorité dans les cristaux de Bohême de cette maison, et dans ses imitations des anciennes faïences d'Italie. Pour ma part, j'ai passé un délicieux quart-d'heure à contempler toutes ces inimitables petites merveilles.

CALLEBANT, *mécanicien*. — M. Callebant, mécanicien, à Paris, a exposé des machines à coudre. Elles sont remarquables par leur jeu simple, qui permet à toute personne de les faire fonctionner parfaitement après une heure d'apprentissage. On sait que les machines à coudre sont d'invention toute récente; mais l'usage s'en est propagé avec une rapidité étonnante, en sorte qu'on s'est appliqué à les simplifier de plus en plus.

CHAUSSON. — Nous avons eu de M. Louis Chausson, de Paris, Chaussée-du-Maine, 166, un torréfacteur sphérique pour les cafés et le cacao, du dulcicolore extrait de sucs de légumes et de l'amidon vierge. Le torréfacteur sphérique est un instrument très utile à tous les marchands de café, parce qu'il permet de concentrer parfaitement l'arome en obtenant une torréfaction très uniforme pour tous les grains et conduite jusqu'au degré voulu.

CHEVALIER FILS. — M. Chevalier fils, de Lyon, a concouru pour des amidons et de la farine. Les amidons de cet exposant sont obtenus par une bonne manipulation des matières premières; ils ont la blancheur et la finesse a un haut degré.

D. LHAYE, HERBECQ. — Ces deux exposants, filateurs et fabricants à Solze-le-Château, ont concouru pour des molletons en laine; les prix sont cotés sur chaque pièce. Le duvet de ces molletons est fort doux; la fabrication en a donc été bien réussie.

GASNIER. — M. Gasnier, de Nantes; rue Basse-du-Château, 9, a envoyé des formes pour cordonniers. Ces articles sont faits avec soin et présentent l'avantage d'une très grande commodité.

GAVEAU. — M. Gaveau, facteur de pianos à Paris, a

présenté quelques-uns de ces instruments ; ils donnent une excellente idée de son mode de construction.

HASRIEL. — Des instruments divers de musique ont été soumis à l'appréciation du Jury par M. Hasriel, rue des Trois-Bornes : ce sont des accordéons, un harmonium et une flûte. Tous ces instruments sont faits avec le plus grand soin, comme tout ce qui sort de cette maison, fort avantageusement connue du reste.

LAMY. — M. Antoine Lamy, de Lyon, a une réputation établie pour ses soieries haute-nouveauté. Elles ont été l'une des choses admirées des connaisseurs, parmi les beaux objets exhibés dans la grande salle.

LEVY. — Les stéréoscopes de M. Levy, de Paris, ont tenté la curiosité de tous les visiteurs ; il y avait tels moments où l'on ne s'asseyait devant l'un d'eux qu'à tour de rôle.

MARÉCHAUX. — M. Maréchaux, de Fosseblanche (Vienne), jouit depuis des années d'une très grande faveur pour ses machines agricoles. En cette circonstance, nous avons eu de lui des machines à battre et des manèges, qui ont obtenu du public une légitime approbation.

BANCEL ET C^{ie}. — La gélatine brillante de MM. Bancel et C^{ie}, de Paris, est remarquable par sa pureté ; elle est fort solide, très cassante, parfaitement incolore, absolument sans odeur et sans saveur. Elle a donc toutes les qualités qu'il est permis d'exiger des meilleurs produits de cette nature.

BACUS. — Le billard de M. Théodore Bacus, d'Epernay, a eu de nombreux admirateurs ; c'est celui qui a

le plus attiré l'attention générale et qui a réuni le plus
de suffrages approbateurs. C'est que, en effet, ce n'est
pas un billard ordinaire ; non-seulement il est, comme
instrument de jeu, fait d'après un système qui est grandement supérieur à tous les autres, mais encore, comme
pièce travaillée, c'est une véritable œuvre artistique.

BERTRAND. — Les produits pharmaceutiques de
M. Bertrand, de Lyon, place Bellecourt, 24, sont
généralement bien traités. Il me semble, toutefois, que
M. Bertrand se donne un peu trop comme trouveur de
recettes infaillibles. Quand on pratique une noble et
belle industrie, à quoi bon rechercher les bruits de
parade qui ne conviennent qu'aux hommes de tréteaux
de la foire?

CASTEYDE. — Je n'ai pas su trouver le lot de cet exposant; le Livret dit qu'il a envoyé un *fréorganum* et que
son adresse est boulevard du Prince-Eugène, 145, à
Paris. Je ne puis pas en dire plus long que le Livret.

CHARLES. — Encore un lot qui a échappé a mes inves-
tigations ; l'exposant est de Paris et l'objet exposé est,
au Livret, désigné par ces mots vagues : article d'économie domestique... Si c'était un article de journal !....

CHARLET, *horloger*. — M. Charlet, de Besançon, a
exposé des montres en or et des montres en argent. En
sa spécialité, cet exposant me paraît être l'un des plus
méritants.

GRILLÉ JEUNE. Les porcelaines de M. Grillé jeune,
de Paris, sont fabriquées avec soin ; elles sont parfaitement opaques et la pâte, dont elles ont été faites, doit
être restée longtemps à macérer.

CORNIQUET-LE-ROY. — Les fusils de M. Corniquet-Le-Roy, de Montdidier, ont bien leur mérite; mais je voudrais mieux : j'ai été gâté par la vue des armes de MM. Jussy et Pondevaux.

DANGREVILLE ET VALLOND. — MM. Dangreville et Vallond, de la Ferté-sous-Jouarre, ont exposé des meules de moulins et des carreaux. Ce sont des articles soigneusement travaillés.

DEBAIN. — Nous avons eu de M. Debain, de Paris, place Lafayette, 24, des harmoniums divers et un piano ménanique. Les instruments de musique de cet exposant prouvent qu'il aime les perfectionnements nouveaux et qu'il met son activité à leur service.

DELABRAN. — M. Delabran, de Lyon, rue Imbert-Colomés, 37, a concouru pour des tuyaux en carton vernis pour tissus. J'ai vu le même article, aussi bien réussi, et il a été envoyé à l'Exposition par la toute jeune fille d'un vannier de Toulouse.

DECOMPEX. — Les panneaux peints, faux bois et faux marbres, de M. Decompex, d'Aigre (Charente), méritent une mention spéciale ; ils sont réussis et trahissent un homme de goût.

DENEUX FRÈRES. — Les linges de table, de MM. Deneux frères, d'Hallencourt, sont d'un beau tissu et les ouvrages sont remarquables. Mais ils ne peuvent soutenir la comparaison avec ceux de MM. Odon, Dekeyser et Nisse, surtout au point de vue des prix.

DERRIEU, *mécanicien*. — M. Derrieu, de Paris, a soumis des machines à l'appréciation du Jury : des machines à fabriquer les pastilles et une machine à imprimer les cartes de visite, circulaires, etc. Les machines à fabriquer les pastilles ont surtout attiré l'attention. Tout prouve, du reste, que M. Derrieu est un mécanicien de talent.

DIÉTRICH. — Les pianos de Diétrich, de Paris, faubourg Saint-Denis, 137, sont connus de l'Europe entière. Cette vogue est des plus légitimes; les pianos qui sortent de la maison de ce facteur sont plus que bons : ils sont parfaits jusque dans les moindres détails de leurs formes.

DURENNE. — Quel est le visiteur de notre Exposition qui n'a admiré les magnifiques fontes ouvrées de M. Durenne, de Paris? Seuls, les deux groupes qui sont à l'entrée des Jacobins ne suffiraient-ils pas pour établir le mérite hors ligne de cet exposant? Et M. Durenne est l'un des exposants qui ont le plus fourni à l'exhibition actuelle... Je n'entrerai pas dans de longs détails : à quoi bon? chaque mot ne pourrait être qu'un éloge. Qu'il me suffise de dire que rien ne sort des usines de M. Durenne, que ce ne soit une fonte irréprochable, ayant un cachet de perfection qu'on chercherait vainement ailleurs.

M^{me} DUROS. — M^{me} Duros, de Paris, s'est recommandée à l'attention publique par sa chemise hygiénique, ses ceintures abdominales et ses jupons sanitaires. On a, et avec raison, accordé les plus grands éloges à ces heureuses innovations, appelées à rendre d'inestimables services.

FELON. — M. Felon, de Paris, a exposé un bénitier en terre cuite, des dessins, des cartons de verrerie. Le bénitier est une œuvre de goût bien réussie ; les dessins pourraient, je crois, être plus corrects.

FRANCK. — Les photographies de M. Franck, de Paris, sont belles de netteté ; les portraits de M. de Morny ont un cahet de bon aloi.

FRÉMY. — Les décors de la partie de mur au pied de laquelle sont placés les pianos, dans la grande salle, méritent d'attirer l'attention. Les papiers peints de M. Louis Frémy, manufacturier à Roubaix, sont remarquables. On ne produit des articles de cette valeur qu'à la condition d'être versé au plus haut degré dans l'industrie que l'on exerce.

GALLET, LEFEBRE ET $C^{ie}$. — MM. Gallet, Lefebre et $C^{ie}$, de Paris, ont exposé un baril phospho-guano et un sac du même engrais. Je n'ai pas à m'appesantir sur ce produit : il a été mis à l'épreuve et je connais bon nombre d'agriculteurs qui m'en ont fait un grand éloge.

GAVIOLE ET $C^{ie}$. — MM. Gaviole et $C^{ie}$ sont facteurs de pianos, à Paris, rue de Citeaux, 3. Ceux qu'ils ont exposés ont leur mérite, sans doute ; mais ils ne me semblent pas avoir le cachet de ceux de Diétrich ou de Pleyel.

GEUVIN. — M. Geuvin, de Paris, a exposé trois cadres de photographies. Elles ont de bonnes qualités ; toutefois, elles laissent les lignes essentielles un peu indécises.

GODWIN. — Les machines à coudre de M. Godwin, de Paris, faubourg Montmartre, 6, sont les plus avantageusement connues en France ; il est vrai de dire qu'elles justifient à tous égards cette confiance flatteuse du public.

GROULT. — Les pâtes, les semoules et les farines alimentaires de M. Camille Groult, de Paris, font depuis des années les délices de ceux qui les emploient ; cela provient, sans doute, des excellents procédés que cet exposant met en œuvre pour obtenir ses produits.

GUILLEMIN ET LAUNET. — De Dôle, l'Exposition a reçu, au nom de MM. Guillemin et Launet, des balais en paille de seigle et des brosses en chiendent. Ce sont des produits faits avec le plus grand soin.

HAFFNER. — Des coffres-forts, des coffrets, des serrures, des meubles, tel est le bagage, comme exposant, de M. Haffner, passage Jouffroy. Au reste, ouvrier capable, menant ou faisant mener à bonne fin tout ce qu'il entreprend.

KARCHER FRÈRES. — Ce sont de beaux rubans de fil que ceux exposés par MM. Karcher frères, de Colmar ; ils dénotent une pratique éclairée des bons procédés de fabrication.

THÉODULE JOLY. — M. Théodule Joly a envoyé ses vins de Champagne d'Ay-Champagne même ; mais ce n'est pas une raison suffisante, tant s'en faut, pour conclure précipitemment à leur supériorité. Seulement, c'est déjà une grande présomption en leur faveur, et cette présomption se trouve complétement justifiée, dès que l'on déguste les produits du vigneron champenois.

LACAPE. — Le piano automatique de M. Lacape, de Paris, est un instrument de musique fort ingénieux, parfaitement construit d'ailleurs : bon pour sa sonorité musicale, très élégant dans sa forme.

LAFONT ET GAY. — M. A. Fabry, rue du Musée, 3, a exposé des draps de la maison Lafont et Gay, de Vienne, (Isère), maison dont il est le représentant. Il m'a été donné d'être mis en rapport avec M. Fabry dans une circonstance complètement étrangère à sa profession ; mais s'il est dans les relations commerciales ce qu'il est dans les relations privées, j'ose dire que ce doit être une bonne fortune de traiter des affaires avec lui ; or, la loyauté et la délicatesse ne me semblent pas pouvoir être des qualités d'occasion, et, je suis heureux de le dire, ce sont celles que j'ai trouvées en lui.

LATRY ET C$^{ie}$. — La manufacture de bois durci de MM. Latry et C$^{ie}$, de Paris, est un établissement d'une grande importance. Ces industriels ont exposé un lot des plus variés et des plus attrayants : de belles cassettes, des encriers, des presse-papiers, des manches fort originaux de coutellerie et des poignards, des tabatières, des Christs, des médaillons, de petits miroirs, et une foule d'autres objets tous plus mignons les uns que les autres. C'est l'une des plus belles vitrines de l'Exposition.

LARRUE ET C$^{ie}$. — Les divers échantillons de laines, envoyés de Thalais, dans la Charente, par MM. Larrue et C$^{ie}$, éplucheurs de laines, sont aptes on ne peut mieux à faire apprécier les belles qualités que produit ce département, et à démontrer l'habileté de ces industriels comme éplucheurs.

DE MARVILLE ET C$^{ie}$. — MM. de Marville et C$^{ie}$, de

Paris, rue des Halles, 1, ont exposé des couvre-oreilles en caoutchouc. Ce sont de bons articles, soigneusement faits et qui réalisent un heureux perfectionnement.

Mollière. — M. Mollière, de Lyon, rue Impériale, 63, a soumis à l'appréciation du Jury une machine à coudre, dont le livret dit qu'elle sert pour le cuir, l'étoffe, la lingerie et la broderie, et qu'elle est combinée de façon à rapprocher les pièces au fur et à mesure de l'usure. Il y a donc là son perfectionnement annoncé; a-t-il été réalisé? et si la machine tient les promesses qu'on fait en son nom? C'est une question à laquelle je ne suis pas en mesure de répondre.

Moreau et Dubois. — Les sardines à l'huile constituent, depuis quelques années, une industrie des plus actives et sont l'objet d'un commerce étendu. MM. Moreau et Dubois, de Nantes, jouissent, dans cette spécialité industrielle; d'une grande faveur, et, d'après un examen attentif de leurs produits, j'ai la conviction qu'ils la méritent entièrement.

Ouvry-Beraudy. — M. Ouvry-Beraudy, de Saint-Etienne, a exposé un beau lot de chapelets, qui lui fait le plus grand honneur; on reconnaît qu'il apporte ses soins à tous les détails de cette fabrication.

Louis Pierre. — Les croisées en fer de M. Pierre, de Niort, sont une heureuse idée; quelques améliorations encore, par exemple, un peu plus de légèreté dans l'ensemble, et tout le monde voudra les adopter.

Rémy. — Les pianos de M. Rémy, de Mirecourt, ont un cachet d'élégance et d'originalité dans les formes, une sonorité limpide que pourraient leur envier les meilleurs facteurs de la capitale.

RICHE. — Nous avons eu de M. Riche, de Saint-Malo, des huiles de foie de morue. Elles me semblent être de bonne qualité, ce qui est l'important pour cette sorte de produit trop souvent sophistique.

THIBOUT ET Cie. — MM. Thibout et Cie, de Paris, ont exposé un magnifique piano grand oblique. C'est, sans contredit, sinon le plus beau, du moins l'un des plus beaux de tous ceux qui figurent dans la grande salle des Jacobins.

TRÉBEAUDO. — Le collier a cheval qu'a envoyé M. Trébeaudo, d'Auxerre, est parfaitement conditionné et heureusement disposé; il dénote un ouvrier intelligent.

LEBRETON. — Les épreuves photographiques de M. Lebreton, opticien à Paris, parlent hautement en faveur de l'appareil qui les a produites et de l'habileté du photographe.

VICAT et Cie. — Faire l'éloge des ciments Vicat, de Grenoble, serait un hors-d'œuvre, alors qu'ils se sont acquis une popularité sans égale. Il est peu de personnes qui ne les connaissent ou ne les aient entendus vanter comme supérieurs de beaucoup à tous les produits de même nature.

VIEN. — M. Achille Vien, de Chef-Boutonne (Deux-Sèvres), a exposé de l'orgeat concentré et solidifié. C'est une opération chimique admirablement réussie.

WILKOT. — Lorsqu'on parle de machines à coudre, à moins que l'on ne s'en tienne à M. Godwin, on est obligé de s'incliner devant M. Wilkot. L'un et l'autre sont aussi populaires.

Souques Cail et C^{ie}. — MM. Souques, Cail et C^{ie}, sont de Beauport, dans la Guadeloupe. Vous vous attendez à voir un lot de sucres ou de rhums : c'est à bon droit, car ils ont exposé les deux. Leurs sucres bruts sont surtout remarquables.

Renaud. — M. Renaud, mécanicien à Nantes, a soumis à l'appréciation du Jury diverses machines et une faucheuse. Cette dernière est l'appareil le plus remarquable qu'ait envoyé cet exposant.

### 3° Exposants étrangers à la France.

Bono. — M. Bono, de Turin, a exposé un château-fort en liége. C'est une œuvre de patience exécutée par un tout jeune homme. Je ne sais pourquoi, mais je n'aime pas cette sorte de travaux.

De Cartier. — M. de Cartier, d'Auderghem, près de Bruxelles, route du Hâvre, 1, a envoyé du minium. Les usages de ce composé chimique sont fort nombreux ; il est en effet employé pour colorer les papiers de tenture, les cires molles et à cacheter ; il tient lieu de couleur à l'huile et à l'eau dans les miniatures ; « on en consomme beaucoup, dit un auteur, pour la fabrication du strass, du flint-glass et du cristal, verres auxquels il donne une grande pesanteur, une puissance réfractive considérable et la faculté de pouvoir être taillés plus aisément. » Or, le minium envoyé par M. de Cartier, a été parfaitement calculé pour les proportions de plomb et d'oxigène, avec lesquels on le compose ; il est d'un beau rouge très vif. C'est donc un envoi méritant que celui de ce lot.

DUDEN FRÈRES. — Tout le monde sait de quelle faveur universelle jouit la Belgique pour la fabrication des dentelles ; je n'étonnerai donc personne si je dis que les dentelles blanches , les points d'Angleterre et les points d'Alençon exposés par MM. Duden frères , de Bruxelles, sont très remarquables à tous les points de vue.

MÉRIC ET C$^{ie}$ — MM. Méric et C$^{ie}$, de Madrid, ont envoyé des chocolats et du café torréfiés. Pour les chocolats, l'Espagne jouit à juste titre d'un très grand renom; et les produits envoyés par MM. Méric et C$^{ie}$ sont à la hauteur de cette réputation.

EIDENBENZ. — Les cristaux de Bohème ont une grande faveur dans le commerce , à cause que , moins denses il est vrai que les cristaux ordinaires , ils sont néanmoins bien plus durs que ces derniers. Les cristaux variés qui nous sont venus de M. Eidenbenz, d'Ulrichthal, sont d'une rare beauté.

# POST-FACE

Mon travail est fini.

Je ne me dissimule pas à combien d'égards il est imparfait.

Les uns m'accuseront, en ce qui concerne l'Exposition actuelle, de n'avoir guère écrit, à quelques exceptions près, qu'une nomenclature aride; d'autres prétendront que j'ai montré, dans mes appréciations, une indulgence si grande qu'on ne peut lui donner un autre nom que celui de faiblesse; d'autres encore..... mais je ne veux pas me préoccuper de ce qui se dira : je crois savoir à quoi mieux employer mon temps.

L'étude que je viens de faire m'a révélé une bien triste vérité : c'est que les départements, qui composent notre zône méridionale, n'ont été que très imparfaitement représentés à l'Exposition actuelle. Sur un nombre de douze cents exposants environ, un tiers au moins appartiennent au nord de la France, et la seule ville de Toulouse en absorbe un second tiers : le reste n'est-il pas un chiffre insignifiant, si l'on considère qu'il s'est

recrute parmi les industriels de vingt-neuf départements ?

Le mal est fait ; mais je ne le crois pas irréparable :
une éclatante revanche peut et doit être prise à l'Exposition universelle de Paris, en 1867. Songeons, du
reste ; qu'il y a en ceci plus qu'un point d'amour-propre de région à région : nous allons, sur ce nouveau
terrain, nous trouver en lutte avec les nations étrangères, et il s'agit d'une question d'amour-propre national.

On remarquera que j'ai gardé le silence le plus absolu
sur la manière dont notre exhibition a été organisée :
c'est que je reconnais tout à la fois et la justesse de certaines critiques qui en ont été faites, et les difficultés
grandes qu'ont eues à surmonter les organisateurs,
afin d'obtenir le résultat auquel ils sont arrivés. Ces
Messieurs ont fait tout ce qu'il était possible de faire,
dans les conditions où ils se sont trouvés placés.

A l'occasion des mille et une difficultés inhérentes à
une telle installation, qu'il me soit permis de dire qu'un
grand nombre sont le fait des exposants eux-mêmes. En
général, par exemple, les producteurs s'obstinent à vouloir agir isolément, à titre individuel : de là, une foule
d'inconvénients qui se sont présentés à Toulouse et se
présenteront partout où les choses se passeront ainsi.
Tel est, d'ailleurs, le sentiment des hommes les plus
compétents en cette matière ; il me suffira, pour le prouver, d'emprunter à une importante circulaire de M. le
conseiller d'Etat, commissaire-général de l'Exposition
universelle de 1867, les considérations qui l'ont inspi-
rée. M. Le Play engage « à organiser des installations

collectives de produits locaux. L'expérience, dit-il, a montré l'utilité de ces dispositions d'ensemble. En laissant à chacun son individualité, ce système attribue à un représentant de l'association le soin de distribuer les produits d'une même industrie sous une même vitrine ou dans une même salle. Elle réduit les frais dans une proportion notable et elle donne à chaque producteur, par une meilleure répartition de l'espace, les moyens d'exposer un plus grand nombre d'objets.

» D'un autre côté, la réception des colis, confiée à un agent spécial, se fait avec plus d'ordre, dans des conditions meilleures de surveillance et de célérité. Le classement des objets, groupés avec harmonie dans l'emplacement commun, présente un éclat qui frappe le visiteur et lui donne une haute idée de la puissance productive de la localité.

» En outre, la commission impériale trouve, dans les représentants délégués auprès d'elle par les localités, un concours dont elle a pu apprécier la valeur. Nul autre mieux qu'un chef d'industrie, désigné par ses confrères, ne peut adresser un appel efficace aux producteurs, leur faire comprendre qu'ils ont à conquérir dans cette lutte pacifique le rang qui leur est dû. »

Ces sages paroles ont une haute valeur pour l'avenir ; elles amèneront, je n'en saurais douter, l'introduction d'un système appelé à rendre les plus grands services à l'organisation des futures Expositions.

S. A.

# TABLE DES MATIÈRES

FIN DE LA TABLE DES MATIÈRES.

Toulouse — Imp. CAILLOL et BAYLAC, rue de la Pomme, 34.

IMPRIMERIE
DE
CAILLOL ET BAYLAC